Tao Te Puh

Was für ein Puh?

Was für ein Tao?

Das Tao Te *Puh*!

Ja wirklich, Puh der Bär geht ganz eigene Wege bei seinen Unternehmungen, er hat eine Art, durch die er Menschen in aller Welt ans Herz gewachsen ist. Benjamin Hoff zeigt in diesem Buch auf, daß der Puh-Weg in erstaunlicher Weise mit den Lebensprinzipien des Taoismus übereinstimmt. Hoffs Interpretationen des Taoismus durch Puh und seine Interpretation Puhs durch den Taoismus machen deutlich, daß es sich hierbei nicht etwa um eine uralte, längst überholte Philosophie handelt, sondern um eine lebendige Lebensweisheit, die im Hier und Jetzt ihre Gültigkeit hat.

Und was ist nun das Tao? Ganz *einfach* . . . — ein Leben ohne vorgeprägte Vorstellungen zu leben — demnach auch kein fertiges Rezept fürs Leben — es ist eben einfach nur . . . nun, am besten liest du dieses Buch und hörst auf Puh, wenn du wirklich etwas herausfinden willst.

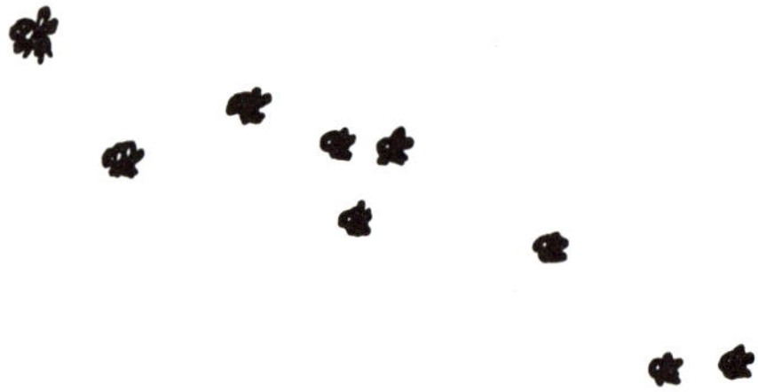

Benjamin Hoff

Tao Te Puh

Das Buch vom Tao und von Puh dem Bären

Übersetzt von Erika Ifang
Illustrationen von Ernest H. Shepard

SYNTHESIS VERLAG

Titel der amerikanischen Originalausgabe:
The Tao of Pooh
Originalverlag: E. P. Dutton, Inc.

CIP-Kurztitelaufnahme der Deutschen Bibliothek

Hoff, Benjamin:
Tao Te Puh = Das Buch vom Tao und von Puh dem Bären / Benjamin Hoff. [Übers. von Erika Ifang] — Essen : Synthesis-Verl., 1984.
Einheitssacht.: The Tao of Pooh ⟨dt.⟩
ISBN 3-922026-30-3

Wir danken den „Trustees of the Pooh Properties" für die freundliche Genehmigung zum Abdruck der Illustrationen von E. H. Shepard und der Zitate von A. A. Milne.

1. Auflage 1984

SYNTHESIS VERLAG
Postfach 143206, 45262 Essen

Satz: Typografischer Betrieb ZERO, Rheinberg
Druck: Fuldaer Verlagsanstalt GmbH, Fulda
ISBN 3-922026-30-3

Für Han Hsiang-tse

Rhabarber, Rhabarber, Rhabarberkompott,
Trott geht nicht im Pferd, aber Pferd geht im Trott.
Stell mir ein Rätsel, und gleich sag' ich flott:
„Rhabarber, Rhabarber, Rhabarberkompott."

Inhalt

Vorwort

„Was schreibst du da?" fragte Puh und kletterte auf den Schreibtisch.

„Das Tao Te Puh", erwiderte ich.

„*Was* für ein Puh?" staunte Puh und verschmierte ein Wort, das ich gerade geschrieben hatte.

„Das *Tao* von Puh", antwortete ich und piekste mit dem Bleistift nach seiner Tatze.

„Hört sich mehr wie das *Au!* von Puh an", sagte Puh und rieb sich seine Tatze.

„Ist es aber nicht", entgegnete ich kurz.

„Worüber ist es denn?" fragte Puh weiter, wobei er sich vorbeugte und noch ein Wort verschmierte.

„Darüber, wie man unter allen Umständen ruhig und vergnügt bleibt!" schrie ich.

„Hast du es gelesen?" fragte Puh.

Das war, nachdem wir im kleinen Kreis über die großen Weisen dieser Welt gesprochen hatten und jemand behauptete, sie wären alle aus dem Osten gekommen, woraufhin ich sagte, ein paar aber nicht, doch er hörte gar nicht wieder auf, genau wie dieser Satz, und gab überhaupt nicht acht, bis ich mich entschloß, etwas von der Weisheit des Westens vorzutragen, um zu beweisen, daß die Welt mehr als nur eine Halbkugel ist, und so las ich vor:

> „Wenn du morgens aufwachst, Puh", sagte Ferkel schließlich, „was sagst du dann als erstes zu dir selbst?"

„Was gibt's zum Frühstück?" meinte Puh. „Und was sagst du, Ferkel?"

„Ich sage: Was mag wohl heute Aufregendes geschehen?"

Puh nickte gedankenvoll.

„Ist doch dasselbe", sagte er.

„Was ist das?" fragte der Zweifler.

„Die Weisheit eines Taoisten aus dem Westen", erwiderte ich.

„Klingt wie etwas aus *Puh der Bär*", bemerkte er.

„Ganz richtig", sagte ich.

„Das handelt aber nicht vom Taoismus", fing er wieder an.

„Aber sicher", sagte ich.

„O nein", beharrte er.

„Was meinst du denn, wovon es handelt?" fragte ich ihn.

„Es handelt von diesem pummeligen kleinen Bären, der herumwandert, dumme Fragen stellt, Lieder erfindet und alle Arten von Abenteuern besteht, ohne je auch nur das Geringste dazuzulernen oder seinen einfältigen Frohsinn zu verlieren. Davon handelt es."

„Ist doch dasselbe", sagte ich.

So kam ich auf die Idee, ein Buch zu schreiben, das die Lehren des Taoismus durch Puh den Bären erklären sollte und Puh den Bären durch die Lehren des Taoismus.

Als die Gelehrten von meinem Vorhaben erfuhren, schrien sie allesamt „Lächerlich!" und dergleichen mehr. Andere wieder äußerten, das sei das Blödeste, was sie je gehört hätten, und ich sei wohl ein Spinner. Ein paar meinten, die Idee wäre nicht schlecht, aber es sei zu schwierig. „Schon der Anfang: Womit würdest du denn beginnen?" fragten sie. Nun ja, ein alter taoistischer Spruch lautet: „Auch eine Reise von tausend Meilen beginnt mit einem Schritt."

Ich fange also am besten am Anfang an . . .

Tao Te Puh

Was für ein Puh?

„Siehst du, Puh", begann ich, „eine Menge Leute wissen anscheinend nicht, was Taoismus ist . . ."

„Ja?" Puh blinzelte mit den Augen.

„Dafür ist dieses Kapitel da — um die Sache ein wenig zu erklären."

„Aha", sagte Puh.

„Und das geht am einfachsten, wenn wir mal einen Augenblick nach China gehen."

„Was?" staunte Puh und riß vor Verwunderung die Augen weit auf. „Jetzt sofort?"

„Na klar. Wir brauchen uns nur zurückzulehnen und zu entspannen, und schon sind wir da."

„Aha", sagte Puh.

Stellen wir uns einmal vor, wir gehen durch eine Gasse in einer großen chinesischen Stadt und finden einen kleinen Laden, in dem Rollbilder mit klassischer Malerei verkauft werden. Wir gehen hinein und bitten, daß man uns etwas Allegorisches zeigt — etwas Humorvolles vielleicht, dessen Sinn jedoch irgendwie zeitlos ist. Der Ladenbesitzer lächelt. „Da habe ich genau das Richtige", sagt er. „Eine Kopie der *Essigkoster*!" Er führt uns an einen großen Tisch, rollt das Bild auseinander und legt es hin, damit wir es betrachten können. „Entschuldigen Sie mich für einen Moment", sagt er dann, verschwindet hinten im Laden und läßt uns mit dem Gemälde allein.

Wir sehen, daß wir eine ziemlich neue Ausgabe des Bildes vor uns haben, wissen aber, daß das Original vor langer Zeit gemalt wurde; wann genau ist ungewiß. Doch ist das Thema des Bildes inzwischen gut bekannt:

Drei Männer stehen um ein großes Faß mit Essig herum. Jeder hat einen Finger in den Essig getaucht und davon probiert. Auf allen drei Gesichtern ist eine unterschiedliche Reaktion abzulesen. Da es sich bei dem Gemälde um eine Allegorie handelt, müssen wir zunächst wissen, daß die drei keine normalen Essigkoster sind, sondern die drei Lehren Chinas darstellen und daß der Essig die Essenz des Lebens versinnbildlicht. Die drei Weisen sind K'ung Fu-tse (Konfuzius), Buddha und Lao-tse, der Autor des ältesten noch existierenden Buches vom Tao. Der erste hat einen sauren Gesichtsausdruck und der zweite trägt bittere Züge, aber der dritte lächelt.

Konfuzius mutete das Leben eher sauer an. Er vertrat die Auffassung, die Gegenwart sei nicht im Einklang mit der Vergangenheit und die Herrschaft des Menschen auf der Erde nicht in Harmonie mit dem Weg des Himmels, der das Universum regiert. Darum legte er besonderen Wert auf die Verehrung der Ahnen wie auch auf alte Rituale und Zeremonien, bei denen der Kaiser, der Himmelssohn, als Vermittler zwischen dem grenzenlosen Himmel und der begrenzten Erde auftrat. Der Konfuzianismus mit seiner exakt intonierten höfischen Musik und den genauen Vorschriften für Bewegung, Handlung und Rede schuf somit ein überaus kompliziertes Gefüge aus Ritualen, die jeweils für eine bestimmte Gelegenheit und einen besonderen Zeitpunkt galten. Von Konfuzius ist das Wort überliefert: „Wenn die Matte nicht gerade liegt, setzt sich der Meister nicht." Soviel als Hinweis, wie abgezirkelt es im Konfuzianismus zuging.

Buddha, die zweite Figur auf dem Bild, empfand das Erdenleben als bitter, voller Abhängigkeit und Begierden, die nur Leiden bescherten. Nach seiner Sicht stellte die Welt überall Fallen und gaukelte Illusionen vor, sie war ein kreisendes Leidensrad für alle Kreaturen. Um Frieden zu finden, mußte sich der Buddhist notwendigerweise aus der „Welt des Staubes" ins *Nirwana* erheben, wörtlich: in den Zustand der „Windstille". Die lebensbejahende Einstellung der Chinesen veränderte den Buddhismus zwar wesentlich, nachdem er von seinem Ursprungsland Indien in ihr Land gebracht worden war, aber dennoch fand auch dort der gläubige Buddhist den Weg zum Nirwana oft versperrt durch den bitteren Wind des Alltagslebens.

Nach Lao-tse hingegen konnte jeder allezeit die Harmonie finden, die von Natur aus und von Anfang an zwischen Himmel und Erde besteht, allerdings nicht durch Einhalten der konfuzianischen Regeln. Wie er in seinem *Tao Te King*, dem „Buch vom Sinn und Leben", darlegt, ist die Erde im Grunde eine Reflexion des Himmels und den gleichen Gesetzen unterworfen — *nicht* den Gesetzen des Menschen. Diese Gesetze wirken sich nicht allein auf die Bahnen ferner Planeten aus, sondern auch auf das Treiben der Vögel im Wald und der Fische im Wasser. Je mehr der Mensch die durch allumfassende Gesetze geschaffene und gelenkte natürliche Ausgewogenheit verändert, in desto weitere Fernen entschwindet die Harmonie. Je mehr Druck, um so mehr Unannehmlichkeiten. Ob schwer oder leicht, naß oder trocken, langsam oder schnell, alles trägt seine eigene Natur bereits in sich, und Zuwiderhandeln verursacht Schwierigkeiten. Werden dem Ganzen von außen willkürlich abstrakte Gesetze übergeordnet, ist Kampf unvermeidlich. Nur dann wird einem das Leben sauer.

Nach Lao-tses Auffassung legt die Welt keine Fußangeln aus, sondern erteilt wertvolle Lehren. Was sie lehrt, muß ebenso befolgt werden, wie ihre Gesetze zu achten sind; dann geht alles gut. Statt sich von der „Welt des Staubes" abzuwenden, rät Lao-tse seinen

Mitmenschen, sich „mit dem Staub der Welt zu vereinen". Was er in allem Himmels- und Erdengeschehen wirken sah, nannte er *Tao*, den „Weg". Einer der Kernsätze aus Lao-tses Lehre besagt, daß dieser Weg des Universums mit Worten nicht hinreichend beschrieben werden kann und der bloße Versuch schon eine Beleidigung für die ihm innewohnende unbegrenzte Kraft wie auch für die menschliche Intelligenz ist. Trotzdem kann sein Wesen begriffen werden, und wer sich darum und um das davon untrennbare Leben am meisten bemüht, begreift es am besten.

Über die Jahrhunderte sind Lao-tses klassische Lehren weiterentwickelt worden und haben sich in eine philosophische, eine orthodoxe und eine volkstümliche religiöse Richtung aufgespalten. Sie alle können unter dem Oberbegriff Taoismus zusammengefaßt werden. Der Grundtaoismus jedoch, mit dem wir uns hier befassen, ist einfach eine bestimmte Art und Weise, alles, was das tägliche Leben mit sich bringt, wertzuschätzen, daraus zu lernen und damit zu arbeiten. Nach taoistischer Auffassung ist das natürliche Ergebnis einer solch harmonischen Lebensweise das Glücklichsein. Man könnte sagen, die auffälligste Charaktereigenschaft eines Taoisten ist unbeschwerte Heiterkeit; selbst in den tiefgründigsten taoistischen Werken wie beispielsweise dem 2500 Jahre alten *Tao Te King* wird noch ein feiner Sinn für Humor offenbar. Aus den Schriften des anderen großen taoistischen Autors Chuang-tse scheint leises Lachen herauszuperlen wie Wasser aus einer Quelle.

„Aber was hat das mit Essig zu tun?" fragte Puh.

„Ich dachte, das hätte ich gerade erklärt", entgegnete ich.

„Ich glaube nicht", sagte Puh.

„Gut, dann will ich es jetzt erklären."

„Das ist prima", fand Puh.

Warum lächelt Lao-tse auf dem Bild? Schließlich hat dieser Essig, der das Leben symbolisiert, mit Sicherheit einen unangenehmen Geschmack, wie der Gesichtsausdruck der beiden andern Männer erkennen läßt. Aber im harmonischen Zusammenwirken mit den Gegebenheiten des Lebens verwandelt das taoistische Verständnis alles, was andere vielleicht als negativ empfinden, in etwas Positives. Nach taoistischer Auffassung rühren das Saure und die Bitterkeit vom Verstand her, der störend und nichtachtend eingreift. Das Leben an sich ist süß, wenn man es so begreift und nutzt, wie es nun einmal ist. Das ist die Botschaft der *Essigkoster*.

„Süß? Meinst du wie Honig?" fragte Puh.

„Na ja, vielleicht nicht ganz so süß", gab ich zur Antwort. „Das wäre ein bißchen zuviel des Guten."

„Sind wir eigentlich noch immer in China?" erkundigte sich Puh behutsam.

„Nein, wir sind mit dem Erklären fertig und jetzt wieder zurück am Schreibtisch."

„Ach so."

„Da sind wir ja gerade rechtzeitig zum Essen wieder zurück", fügte er hinzu und schlenderte zum Küchenschrank hinüber.

Was für ein Tao?

Eines Abends waren wir noch spät dabei, den Begriff Weisheit zu definieren, und gerade, als wir von alledem schläfrig wurden, ließ Puh die Bemerkung fallen, sein Verständnis für taoistische Prinzipien sei ihm von gewissen ehrwürdigen Ahnen überliefert worden.

„Wie wer zum Beispiel?" fragte ich ihn.

„Wie Puh Tao-tse, der berühmte chinesische Maler", antwortete Puh.

„Das ist *Wu* Tao-tse."

„Und wie steht's mit Li Puh, dem berühmten taoistischen Dichter?" fragte Puh sachte.

„Du meinst Li *Po*", warf ich ein.

„Oh", ließ sich Puh vernehmen und sah dabei auf seine Füße hinunter.

Dann kam mir ein Gedanke. „Das ist im Grunde auch einerlei", sagte ich, „denn einer der wichtigsten taoistischen Grundsätze ist nach dir benannt."

„Wirklich?" fragte Puh und blickte etwas hoffnungsvoller drein.

„Na klar — *P'u*, der unbehauene Klotz."

„Hatte ich ganz vergessen", murmelte Puh.

Wir wollen nun versuchen, *P'u*, den unbehauenen Klotz, zu erklären. Ganz nach taoistischer Manier gehen wir aber behutsam dabei vor und erklären nicht zuviel, denn das macht nur *konfuz* und erweckt womöglich den Eindruck, als wäre alles eine reine Verstandessache, die ruhig auf der intellektuellen Ebene bleiben könnte und nicht weiter beachtet zu werden brauchte. Dann könntest du sagen: „Keine schlechte Idee soweit, aber worauf läuft das hinaus?" Deshalb wollen wir lieber an verschiedenen Beispielen *zeigen*, worauf es hinausläuft.

Nebenbei bemerkt, *P'u* wird so ähnlich wie Puh ausgesprochen, nur mit etwas kürzerem u — es klingt wie das Geräusch, das entsteht, wenn du an einem heißen Sommertag einen Käfer von deinem Arm pustest.

Ehe wir nun unsern zuständigen Experten mit ein paar erhellenden Bemerkungen zu Wort kommen lassen, wollen wir die Sache noch etwas erläutern:

Die Lehre vom unbehauenen Klotz besteht im wesentlich darin, daß den Dingen so, wie sie in ihrer ursprünglichen Einfachheit sind, von Natur aus Kräfte innewohnen, die leicht zunichte gemacht werden oder verlorengehen, wenn dieses Einfachsein verändert wird. Für das Schriftzeichen *P'u* gibt das chinesische Wörterbuch die Begriffe „natürlich, einfach, schlicht, aufrichtig" an. *P'u* ist aus zwei Schriftzeichen zusammengesetzt: das erste, das grundlegende Zeichen oder „Radikal", bedeutet Baum oder Wald; das zweite, das phonetische oder lautbestimmende, ist das Zeichen für dichtes Gebüsch oder Dickicht. Von „Baum im Dickicht" oder „Wald ohne Schnitt" ist die Bedeutung „Dinge in ihrem natürlichen Zustand" abgeleitet — in Übersetzungen von taoistischen Schriften oft als „unbehauener Klotz" umschrieben.

Dieser taoistische Leitgedanke gilt nicht nur für belebte und unbelebte Dinge in ihrer natürlichen Schönheit und Wesensart, sondern auch für die Menschen. Und für Bären. Womit wir wieder bei Puh sind, dieser reinen Verkörperung vom unbehauenen Klotz. Als Anschauungsobjekt für das Prinzip ist er manchmal fast schon ein bißchen *zu* einfältig . . .

„Ich glaube, weiter nach rechts wäre besser", sagte Ferkel ängstlich. „Was meinst *du* denn, Puh?"

Puh besah sich seine beiden Pfoten. Er wußte, daß eine davon die rechte war, und sobald man sich entschieden hatte, welche von beiden die rechte war, dann war die andere die linke, das wußte er auch, aber er konnte sich einfach nicht erinnern, wie man anfing.

„Also", sagte er langsam —

. . . nun, gleichgültig, wie er auf andere wirkt, insbesondere auf alle, die sich durch das äußere Bild narren lassen, Puh, der unbehauene Klotz, ist in der Lage, zu vollenden, was er anpackt, weil er einfältig ist. Wie dir jeder alte Taoist, wenn er gerade einmal aus dem Wald herauskommt, sagen kann, ist einfältig nicht unbedingt gleichbedeutend mit *dumm*. Bezeichnenderweise entspricht dem taoistischen Ideal der stille, gelassene, reflektierende, spiegelklare Geist, wie er dem unbehauenen Klotz eigen ist, und es hat schon seinen Sinn, daß Puh der wahre Held von *Puh der Bär* und *Puh baut ein Haus* ist und nicht etwa die Geistesgrößen Kaninchen, Eule oder I-Ah:

„Tatsache ist", sagte Kaninchen, „daß wir irgendwie vom Weg abgekommen sind."

Sie hielten gerade Rast in einer kleinen Sandkuhle obern im Wald. Puh war diese Sandkuhle schon ziemlich leid. Er hatte den Verdacht, daß sie ihnen überallhin folgte, denn wohin sie sich auch wandten, endeten sie doch immer wieder darin; und jedesmal, wenn Kaninchen aus den Nebelschleiern heraus wieder zu ihnen stieß, rief es triumphierend: „Jetzt weiß ich, wo wir sind!", und Puh pflichtete dann traurig bei: „Ich auch." Nur Ferkel blieb stumm; es hatte versucht, an etwas zu denken, was es sagen könnte, aber alles, was ihm einfiel, war „Hilfe, Hilfe!", und das kam ihm albern vor, weil doch Puh und Kaninchen bei ihm waren.

„Nun", fing Kaninchen nach langem allgemeinen Schweigen wieder an, da ihm keiner für den netten gemeinsamen Spaziergang dankte, „wir gehen wohl besser weiter, denke ich. Welchen Weg wollen wir jetzt probieren?"

„Wie wäre es", sagte Puh bedächtig, „wenn wir diese Kuhle wiederzufinden versuchten, sobald sie außer Sicht ist?"

„Was hat das für einen Wert?" fragte Kaninchen.

„Na ja", ließ Puh verlauten, „wir suchen doch die ganze Zeit den Weg nach Hause und finden ihn nicht, und da dachte ich, wenn wir nach dieser Kuhle suchen würden, könnten wir sie bestimmt auch nicht finden, und das hätte seinen Wert, denn wir könnten ja etwas finden, wonach wir gar nicht suchen und was vielleicht genau das ist, wonach wir eigentlich suchen."

„Darin seh' ich keinen Sinn", sagte Kaninchen . . .

„Wenn ich von dieser Kuhle weggehe und dann wieder darauf zugehe, finde ich sie doch bestimmt wieder!"

„Na ja, ich dachte, vielleicht auch nicht", äußerte Puh, „ich meinte ja bloß so."

„Mach einen Versuch", sagte Ferkel plötzlich zu Kaninchen, „wir warten hier auf dich."

Kaninchen lachte auf, um zu zeigen, wie dumm es Ferkel fand, und verschwand im Nebel. Als es hundert Schritte gegangen war, kehrte es um und ging wieder zurück . . . und nachdem Puh und Ferkel zwanzig Minuten auf Kaninchen gewartet hatten, stand Puh auf.

„Ich habe eben nachgedacht", sagte er. „Also dann, laß uns heimgehen, Ferkel."

„Aber Puh", rief Ferkel ganz aufgeregt, „weißt du denn den Weg?"

„Nein", erwiderte Puh. „Aber in meinem Küchenschrank stehen zwölf Töpfe mit Honig, und die schreien seit Stunden nach mir. Ich konnte sie vorher nicht richtig hören, weil Kaninchen in einem fort geredet hat; wenn jedoch niemand außer den zwölf Töpfen etwas sagt, glaube ich doch, Ferkel, daß ich erkenne, woher sie rufen. Also los."

Sie gingen miteinander davon. Ferkel war eine ganze Zeitlang still, um die Töpfe nicht zu unterbrechen; dann gab es plötzlich ein Quieken von sich . . . und ein Juhu . . . denn allmählich wußte es, wo es war. Aber es wagte noch immer nicht, das laut herauszusagen, falls es doch nicht stimmte. Gerade, als es sich endlich so sicher war, daß es keine Rolle mehr spielte, ob die Töpfe nun schrien oder nicht, ertönte vor ihnen ein Ruf, und Christoph Robin tauchte aus dem Nebel auf.

Wenn Schlauheit am meisten zählte, wäre eigentlich Kaninchen die Nummer eins und nicht dieser Bär. Aber so läuft der Hase nun einmal nicht.

„Wir sind gekommen, um dir einen recht frohen Donnerstag zu wünschen", sagte Puh, nachdem er ein paar Mal hinein- und hinausgegangen war, um sicherzugehen, daß er auch wieder aus dem Bau herauskonnte.

„Nanu, was ist denn donnerstags los?" wunderte sich Kaninchen, und als Puh das näher erläutert hatte, sagte Kaninchen, dessen Leben aus lauter Wichtigkeiten bestand: „Ach so, und ich dachte schon, ihr hättet wirklich einen Grund zum Kommen gehabt", und dann setzten sie sich für ein Weilchen hin . . . und bald darauf gingen Puh und Ferkel wieder weiter. Der Wind kam jetzt von hinten, so daß sie nicht so zu schreien brauchten.

„Kaninchen ist schlau", meinte Puh gedankenvoll.

„Ja" pflichtete Ferkel bei, „Kaninchen ist schlau."

„Und es hat Köpfchen."

„Ja", wiederholte Ferkel, „Kaninchen hat Köpfchen."

Es war längere Zeit still.

„Ich nehme an, deshalb versteht es überhaupt nichts", sagte Puh.

Und wenn Kaninchen-Schlau schon nicht ganz das hat, worauf es ankommt, hat Rauhbein I-Ah es sicherlich erst recht nicht. Warum nicht? Wegen der I-Ah-Einstellung, wie wir sie nennen könnten. Sagen wir einfach, während in Kaninchens kleiner Welt Wissen nur aufs Schlausein ausgerichtet ist und Eule ihr Wissen nur benutzt, um weise zu erscheinen, macht I-Ah von seinem Wissen nur Gebrauch, um sich über irgend etwas zu beklagen. Die I-Ah-Einstellung ist, wie jeder, der sie nicht teilt, leicht erkennen kann, aller Weisheit und Glückseligkeit im Wege und verhindert so ziemlich jeden wirklichen Fortschritt im Leben:

I-Ah, der alte graue Esel, stand nahe am Fluß und besah sich im Wasser.

„Bemitleidenswert", sagte er, „das ist es: bemitleidenswert."

Er drehte sich um und trottete langsam zwanzig Schritt flußaufwärts, planschte durchs Wasser und ging auf der andern Seite langsam wieder zurück. Dann betrachtete er sich noch einmal im Wasser.

„Dacht' ich's doch", grummelte er, „auch von dieser Seite keinen Deut besser. Und niemand merkt es. Niemand kümmert sich darum. Bemitleidenswert, genau das ist es."

Im Farnkraut hinter ihm knackte es, und heraus trat Puh.

„Guten Morgen, I-Ah", sagte Puh.

„Guten Morgen, Puh Bär", erwiderte I-Ah trübsinnig. „Wenn's wirklich ein guter Morgen ist", fügte er hinzu, „was ich bezweifle."

„Warum, was ist denn los?"

„Nichts, Puh Bär, nichts. Wir können's nicht alle, und manche von uns tun's nicht. Das ist alles."

Nicht etwa, daß die I-Ah-Einstellung nun unbedingt ohne eine Spur von Humor wäre . . .

„Hallo, I-Ah", riefen sie fröhlich.

„Aha!", bemerkte I-Ah, „habt ihr euch verlaufen?"

„Wir wollten zu dir", sagte Ferkel. „Und sehen, was dein Haus macht. Sieh mal, Puh, es steht noch!"

„Ich weiß", erwiderte I-Ah. „Sehr seltsam. Jemand hätte wohl vorbeikommen und es umstoßen sollen, was?"

„Wir haben uns gefragt, ob der Wind es umblasen würde", erklärte Puh.

„Ach, *deshalb* hat sich niemand weiter die Mühe gemacht, und ich dachte, vielleicht haben sie's vergessen."

. . . es ist eben wirklich nicht so furchtbar *lustig*. Jedenfalls nicht so, wie manche andern Ansichten, an die wir denken könnten. Vielleicht ist es ein bißchen zu kompliziert oder so. Puh dagegen . . . was ist es bloß, das ihn so liebenswert macht?

„Also, zuerst einmal —", fing Puh an.

— Ja, gut, zuerst einmal haben wir das Prinzip des unbehauenen Klotzes. Was ist denn eigentlich das Netteste an Puh? Was sonst als —

„Also, zuerst einmal —"

— die Einfachheit, das Einfach-Sosein des unbehauenen Klotzes. Und das Netteste an dieser Einfachheit ist seine praktische Weisheit von der Was-gibt's-zu-essen-Sorte — Weisheit, die man anfassen kann.

Dessen eingedenk wollen wir Puh selbst das Wesen des unbehauenen Klotzes beschreiben lassen.

„Also gut, Puh, was kannst du uns über den unbehauenen Klotz erzählen?"

„Über was?" frage Puh, setzte sich gerade hin und riß die Augen auf.

„Den unbehauenen Klotz. Du weißt ja . . ."

„Oh, den . . . Oh."

„Was hast du denn nun dazu zu sagen?"

„Ich hab's nicht getan", bemerkte Puh.

„Du —"

„Ferkel muß es gewesen sein", fuhr er fort.

„Ich war's nicht!" quiekte Ferkel.

„Ach, Ferkel! Wo hast denn *du* — "

„Ich *hab'* aber nicht!" bekräftigte Ferkel.

„Na ja, dann war es wohl Kaninchen", stellte Puh fest.

„*Ich* war es jedenfalls nicht!" beharrte Ferkel.

„Hat jemand gerufen?" ließ sich Kaninchen vernehmen, das plötzlich hinter einem Stuhl auftauchte.

„Oh — Kaninchen", grüßte ich. „Wir reden gerade über den unbehauenen Klotz."

„Nie gesehen", sagte Kaninchen, „aber ich will Eule fragen gehen."

„Das ist nicht nö—", fing ich wieder an.

„Schon zu spät", fiel Puh ein, „es ist weg."

„Ich habe noch nie auch nur gehört vom unbehauenen Klotz", warf Ferkel ein.

„Ich auch nicht", stimmte Puh zu und rieb sich am Ohr.

„Das ist nur eine sprachliche Metapher", erklärte ich.

„Ein Wer oder Was?" staunte Puh.

„Eine sprachliche Metapher. Also das heißt, der unbehauene Klotz ist eine Redensart, mit der man ‚wie Puh' meint."

„Ach, das ist alles?" entfuhr es Ferkel.

„Ich hab' mir schon so was gedacht", sagte Puh.

Puh kann uns den unbehauenen Klotz nicht mit Worten beschreiben, er *ist* es ganz einfach. Das ist das Wesen vom unbehauenen Klotz.

„Eine perfekte Erklärung. Danke schön, Puh!"

„Nichts zu danken", erwiderte Puh.

Wenn du Arroganz, Kompliziertheit und noch ein paar andere Sachen, die im Wege sind, über Bord wirfst, deckst du früher oder später dieses einfache, kindliche, unerklärliche Geheimnis auf, das die vom unbehauenen Klotz kennen: Leben macht Spaß.

Eines schönen Herbstmorgens, der Wind hatte über Nacht alle Blätter von den Bäumen geweht und versuchte nun, auch noch die Zweige wegzublasen, da saßen Puh und Ferkel auf dem Grübel-Platz und überlegten allerlei.

„Wie ich für mein Teil glaube, sollten wir, glaube ich, zum Puhwinkel gehen und I-Ah besuchen, weil vielleicht sein Haus umgeblasen worden ist und er vielleicht gerne hätte, wenn wir es wieder aufbauten", sagte Puh schließlich.

„Wie ich für mein Teil glaube", bemerkte Ferkel, „sollten wir, glaube ich, Christoph Robin besuchen gehen, nur ist er nicht da, und deshalb geht es nicht."

„Ziehn wir los und besuchen alle", forderte Puh auf, „denn wenn du bei dem Wind meilenweit gelaufen bist und unvermutet in jemandes Haus trittst und er sagt: ‚Grüß dich, Puh, du kommst gerade recht zu einem kleinen Häppchen', und das stimmt, dann ist das ein Guter Tag, wie ich es nenne."

Ferkel meinte, sie müßten einen Grund haben, um alle zu besuchen, wie etwa nach Klein zu suchen oder eine Expodizion zu organisieren, vielleicht fiele Puh etwas ein.

Puh fiel etwas ein.

„Wir gehen auf Besuch, weil es Donnerstag ist", sagte er, „und wir gehen, weil wir jedem einen recht frohen Donnerstag wünschen wollen. Also los, Ferkel."

Im Zustand des unbehauenen Klotzes ist man dazu fähig, sich am Einfachen und Ruhigen, am Natürlichen und Schlichten zu freuen. Hinzu kommt noch die Fähigkeit, spontan etwas tun zu können und wirken zu lassen, so merkwürdig das anderen auch manchmal vorkommt. Wie Ferkel es in *Puh der Bär* ausdrückt: „Puh hat nicht viel Verstand, aber er kommt nie zu Schaden. Er macht lauter Dummheiten, aber sie gehen gut aus."

Damit das alles etwas leichter verständlich wird, hilft es vielleicht, einmal einen Blick auf jemanden zu werfen, der so ziemlich das Gegenteil davon ist — jemanden wie, je nun, sagen wir . . . zum Beispiel *Eule* . . .

PLES RING
AN RNSER
IS REQIRD
PLEZ CNOKE
AN RNSR
IS NOT REQID

Wie man Dienstag schreibt

Bär marschierte durch Gestrüpp und Dickicht, über weite Hänge voller Stechginster und Heidekraut, durch Flußbetten voller Geröll, steile Sandsteinufer empor und wieder in die Heide hinein, bis er schließlich müde und ausgehungert am Hundert-Morgen-Wald ankam. Denn hier im Hundert-Morgen-Wald wohnte Eule.

„Und wenn irgendwer irgendwas über irgendwas weiß", murmelte Bär vor sich hin, „dann ist es Eule, die etwas über etwas weiß", fuhr er fort, „oder ich heiß' nicht mehr Puh der Bär." „Tu' ich aber", fügte er noch hinzu. „So, da wären wir."

Jetzt kommen wir also zu Eules Haus, wo manche von uns schon früher oft genug waren, auf der Suche nach Antwort auf diese oder jene Frage. Ob wir hier wohl die Antworten finden?

Bevor wir hineingehen und uns umsehen, scheint es doch angebracht, ein paar Bemerkungen darüber zu machen, was für ein Gelehrter Eule im Hinblick auf die Auffassungen und Grundsätze des Taoismus ist, mit denen wir uns hier befassen.

Zuerst einmal muß nachdrücklich darauf hingewiesen werden, daß Gelehrte in China ihrer Schulung und Richtung nach im allgemeinen Konfuzianer waren und deshalb oft eine andere Sprache sprachen als die Taoisten, die in den Konfuzianern meist geschäftige Ameisen sahen, emsig dabei, das vom Leben veranstaltete Picknick zu verderben, indem sie hin und her rannten und nach herunterfallenden Krümeln suchten. Im letzten Abschnitt des *Tao Te King* schreibt Lao-tse: „Die Weisen sind nicht gelehrt; die Gelehrten sind nicht weise" — eine Auffassung, die von zahllosen Taoisten vor und nach ihm geteilt wird.

Vom taoistischen Standpunkt aus ist der Gelehrtenverstand zwar gelegentlich für bestimmte Analysen brauchbar, aber tiefergehende und weiterreichende Dinge entziehen sich doch seinem engstirnigen Zugriff. Der Taoist Chuang-tse faßte das folgendermaßen in Worte:

> Es kann sich ein Brunnenfrosch kein Bild vom Meer machen noch ein Sommerinsekt einen Begriff von Eis. Wie kann dann ein Gelehrter das Tao verstehen? Seine eigene Gelehrtheit hält ihn in Schranken.*

Es ist schon seltsam, daß der Taoismus, der Weg des „ganzen Menschen", des „wahren Menschen", des „Geistwesens" (um ein paar taoistische Begriffe zu verwenden), hier im Westen seinen Interpreten vor allem in der gelehrten Eule hat — in der Gestalt des Denkers, des Akademikers, des staubtrockenen geistesabwesenden Professors. Dieses unvollkommene, unausgewogene Geschöpf ist weit davon entfernt, das taoistische Ideal der Ganzheit und Unab-

* Diese und andere Zitate aus der klassischen chinesischen Literatur sind, wenn nicht anders vermerkt, nach der Übersetzung des Autors ins Deutsche übertragen.

hängigkeit widerzuspiegeln, denn es teilt alles in kleine, abstrakte Grüppchen und Kategorien ein, ist jedoch in seinem Lebensalltag ziemlich hilflos und desorganisiert. Statt von taoistischen Meistern und durch unmittelbare Erfahrung zu lernen, lernt es mit dem Verstand, indirekt, aus Büchern. Und da es taoistische Grundsätze so gut wie nie im täglichen Leben in die Tat umsetzt, fehlen seinen Erklärungen darüber oft recht wesentliche Details, zum Beispiel wie sie sich auswirken oder wo man sie anwenden kann.

Allerdings ist es sehr schwer, überhaupt etwas vom *Geist* des Taoismus in den leblosen Schriften der humorlosen akademischen Leichenbestatter zu finden, deren vergilbte gelehrte Abhandlungen nicht mehr von der charakteristischen taoistischen Weisheit enthalten als ein gutsortiertes Wachsfigurenkabinett.

Aber genau das haben wir von der theoretisierenden Eule zu erwarten, diesem vertrockneten westlichen Nachfahren aller konfuzianischen Gelehrten, der jedoch im Unterschied zu seinem erhabenen, wenn auch recht einfallslosen Vorläufer glaubt, er habe eine Art Monopol auf —

„Was ist denn *das*?" unterbrach Puh.

„Was ist *was*?" fragte ich.

„Was du gerade gesagt hast — ein konfusianischer Gelehrter."

„Mal sehen — ein konfusianischer Gelehrter ist jemand, der Wissen um des Wissens willen anhäuft und das, was er ansammelt, für sich behält oder nur im engsten Kreis von sich gibt und der aufgeblasene, hochgestochene Werke verfaßt, die niemand versteht, statt anderen zum rechten Verständnis zu verhelfen. Wie findest du das?"

„Viel besser", meinte Puh.

„Eule steht im Begriff, uns den Konfusionismus zu veranschaulichen", erklärte ich ihm.

„Ach so", sagte Puh.

Was uns zu Eule zurückbringt. Mal sehen — wie hat Kaninchen sein Verhältnis zu Eule beschrieben? Ah, hier ist es ja:

> ... man muß einfach Hochachtung haben vor jemandem, der DIENSTAG schreiben kann, selbst wenn er es nicht richtig buchstabiert; aber Buchstabieren ist nicht das Allerwichtigste. Es gibt Tage, da zählt Dienstag-Buchstabieren überhaupt nicht.

„Ach übrigens, Puh, wie schreibst *du* denn Dienstag?"

„Schreib' ich was?" fragte Puh zurück.

„Dienstag. Du weißt schon — Montag, Dienstag . . ."

„Mein lieber Puh", schaltete sich jetzt Eule ein, „jedes *Kind* weiß, daß es mit *Dienst* geschrieben wird."

„Tatsächlich?" staunte Puh.

„Natürlich", erklärte Eule, „schließlich ist es ein Werktag."

„Ach, *so* geht das?" wunderte sich Puh. „Was kommt denn nach Diensttag?"

„*Frei*tag", erwiderte Eule.

„Eule, du bringst alles durcheinander", warf ich ein, „wir haben doch gerade den Tag nach Dienstag, und das ist kein freier — also es ist kein Freitag."

„Was dann?" erkundigte sich Eule.

„*Heute*!" quiekte Ferkel.

„Mein Lieblingstag", sagte Puh.

Auch unserer. Wir wundern uns nur, daß die Gelehrten nicht viel davon halten. Vielleicht sind sie zu konfuz, weil sie soviel über andere Tage nachdenken.

Ein ziemliches Ärgernis mit den Gelehrten ist auch, daß sie immer große Worte verwenden, die manche von uns gar nicht verstehen können . . .

„Nun denn", sprach Eule, „die gebräuchliche Verfahrensweise in solchen Fällen ist folgende."

„Was bedeutet geräucherte Vorfahrenspeise?" fragte Puh. „Ich bin nämlich ein Bär mit sehr wenig Verstand, und lange Wörter sind mir zu schwer."

„Es bedeutet das, was zu tun ist."

„Wenn es das bedeutet, habe ich nichts dagegen einzuwenden", sagte Puh bescheiden.

. . . und manchmal hat man den Eindruck, als wären diese einschüchternden Worte dazu da, uns vom Verstehen abzuhalten. Auf diese Weise können die Gelehrten den Anschein von Überlegenheit erwecken und geraten nicht so leicht in den Verdacht, etwas nicht zu wissen. Schließlich ist es ja aus gelehrter Sicht ein regelrechtes Vergehen, nicht alles zu wissen.

Manchmal ist Gelehrtenwissen auch so schwer zu verstehen, weil es nichts mit unserer eigenen Erlebniswelt zu tun hat. Mit andern Worten: Wissen und Erleben sprechen nicht unbedingt dieselbe Sprache. Aber ist nicht das vom Erleben herrührende Wissen kostbarer als das andere Wissen? Für manche von uns steht doch eigentlich fest, daß eine Menge Gelehrter nach draußen gehen und herumschnuppern müßten — durchs Gras laufen und mit den Tieren reden sollten, oder so etwas.

„Eine Menge Leute reden mit Tieren", bemerkte Puh.

„Mag sein, aber . . ."

„Aber nur wenige *hören zu*", fuhr er fort.

„Und das ist das Problem", schloß er.

Man könnte also sagen, daß zum Wissen mehr gehört als bloßes Rechthaben. Der Mystiker und Dichter Han-shan schreibt:

Ein Gelehrter mit Namen Wang
belachte meine Gedichte.
Falsche Betonungen,
sagte er,
zu viele Takte;
das Versmaß sei schlecht,
die Wortwahl willkürlich.

Ich belache seine Gedichte,
wie er die meinen belacht,
klingen sie doch,
als würde ein Blinder
die Sonne besingen.

Wie oft kommt man immer mehr durcheinander, weil man sich wie ein Gelehrter mit relativ unwichtigen Sachen abmüht. Puh hat den konfusianischen Geisteszustand recht genau beschrieben:

Am Montag, wenn die Sonne scheint,
frag' ich mich oft, wie was gemeint:
Wie finde ich in Wahrheit das,
was welches ist und welches was?

Am Dienstag Schnee- und Hagelschauer,
da weiß ich dann schon eins genauer:
Nur sehr, sehr wenige verstehn es,
ob jenes dies und dieses jenes.

Am Mittwoch, wenn der Himmel blaut,
leg' ich mich auf die faule Haut
und wundere mich still fürbaß,
daß was ist wer und wer ist was.

Am Donnerstag ist's wieder kalt,
und Rauhreif schimmert auf dem Wald:
Jetzt kann man endlich klar ermessen,
wes was ist — doch was ist dann wessen?

Am Freitag —

Ja, wessen ist hier überhaupt was? Den vertrockneten Gelehrten ist das allerwichtigste auf dieser Welt, Dinge zu benennen: *Baum, Blume, Hund.* Aber verlang nur nicht, daß sie den Baum beschneiden, die Blume pflanzen oder für den Hund sorgen, es sei denn, du machst dich auf unliebsame Überraschungen gefaßt. Was lebendig ist und wächst, wächst ihnen anscheinend über den Kopf.

Immerhin sind Gelehrte in ihrer stumpfsinnigen, unergötzlichen Art gelegentlich doch auch nützlich und notwendig. Sie liefern jede Menge Informationen. Nur fehlt meist das gewisse Etwas, und dieses gewisse Etwas ist genau das, worauf es im Leben wirklich ankommt.

Puhh. „Sag mal, Puh, hast du meinen andern Bleistift gesehen?"

„Eule hat ihn vor kurzem benutzt", gab Puh zur Antwort.

„Ach ja, hier ist er. Was ist denn das? ‚Knustwerke und ihre Verfremdungen'."

„Wie bitte?" sagte Puh.

„‚Knustwerke und ihre Verfremdungen' — worüber Eule gerade geschrieben hat."

„Oh, darüber also?" bemerkte Puh.

„Na so was, dieser Bleistift ist ganz zerkaut."

Noch eine komische Sache mit dem Wissen des Gelehrten, des Wissenschaftlers und so weiter ist die: Dauernd will er das Wesen vom unbehauenen Klotz — das, was er Unwissenheit nennt — für Schwierigkeiten verantwortlich machen, die er selbst direkt oder indirekt durch seine eigene Beschränktheit, Kurzsichtigkeit oder Saumseligkeit verursacht hat. Wenn du zum Beispiel dein Haus dahin baust, wo es der Wind umblasen kann, und es dann auseinanderfällt, während du dir gerade Sorgen machst, wie wohl *Pflaumenmus* geschrieben wird, was passiert dann höchstwahrscheinlich? Genau. Das weiß jedes Kind. Aber wenn Eules Haus zusammenfällt, was sagt *die* dazu?

„Puh", sagte Eule streng, „hast du das getan?"

„Nein", antwortete Puh schüchtern, „ich *glaube* nicht."

„Wer war es dann?"

„Ich glaube, es war der Wind", warf Ferkel ein, „ich glaube, dein Haus ist umgeblasen worden."

„Ach, das ist es? Und ich dachte, es war Puh."

„Nein", sagte Puh.

Zum Abschluß dieses Kapitels vom Wissen um des Wissens willen wollen wir uns noch eine Begebenheit aus *Puh baut ein Haus* ins Gedächtnis rufen. I-Ah war gerade dabei, Ferkel mit etwas einzuschüchtern, was er aus drei Stöcken gemacht hatte . . .

„Weißt du, was A bedeutet, Ferkelchen?"

„Nein, I-Ah, ich weiß es nicht."

„Es bedeutet Gelehrsamkeit, es bedeutet Bildung, es bedeutet alles das, was dir und Puh abgeht. *Das* bedeutet A."

„Oh", hub Ferkel wieder an. „Ich meine: wirklich?" setzte es schnell fort.

„Ich kann's dir versichern. Hier in diesem Wald herrscht ein ständiges Kommen und Gehen von Leuten, und die sagen: ‚Es ist nur I-Ah, der spielt weiter keine Rolle.' Sie gehen auf und ab und lachen: haha! Aber wissen sie irgendwas vom A? O nein. Für *sie* sind das nur drei Stöcke. Nur für den Gebildeten — merk dir das gut, Ferkelchen — nur für den Gebildeten, und damit sind keine Puhs und Ferkel gemeint, ist es ein großartiges, prächtiges A. Nicht einfach irgendwas", fügte er noch hinzu, „auf dem jeder mir nichts, dir nichts herumtrampeln kann."

Dann kommt Kaninchen des Weges . . .

„Ich wollte dich nur eines fragen, I-Ah. Was ist neuerdings morgens mit Christoph Robin los?"

„Was ist das, worauf ich hier gucke?" sagte I-Ah und guckte weiter darauf.

„Drei Stöcke", antwortete Kaninchen prompt.

„Siehst du?" sagte I-Ah zu Ferkel. Dann wandte er sich an Kaninchen. „Jetzt will ich deine Frage beantworten", sprach er feierlich.

„Danke sehr", sagte Kaninchen.

„Was Christoph Robin morgens macht? Er lernt. Er bildet sich. Er pfundiert sein Wissen — ich glaube, das war das Wort, das er gebraucht hat, aber vielleicht denke ich da auch an etwas anderes —, er pfundiert sein Wissen. Ich auf meine bescheidene Art, wenn ich das Wort recht verstehe, ich — also, ich tue das auch. Das hier beispielsweise ist —"

„Ein A", fiel Kaninchen ein, „aber kein sehr gutes. Na ja, ich muß zurück und den andern berichten."

I-Ah blickte auf seine Stöcke und dann auf Ferkel . . .

„Es *wußte* das? Heißt das, diese Sache mit dem A ist eine Sache, die Kaninchen weiß?"

„Ja, I-Ah. Kaninchen ist schlau, wirklich."

„Schlau!" wiederholte I-Ah verächtlich und trat einmal kräftig mit dem Huf auf seine drei Stöcke. „Bildung", fuhr er bitter fort und sprang auf seine sechs Stöcke. „Was *ist* denn Gelehrsamkeit?" fragte er weiter und schleuderte seine zwölf Stöcke in die Luft. „Eine Sache, die Kaninchen weiß! Hoho!"

Da haben wir's.

„Ich weiß etwas, was Kaninchen nicht weiß", sagte Ferkel.

„Ach! Was ist denn das?" erkundigte ich mich.

„Na ja, ich kann mich nicht erinnern, wie es heißt, aber —"

„Ach so. Das kommt als nächstes dran", sagte ich.

„Ach, und *wie* heißt es?" fragte Ferkel und trommelte mit der Pfote.

„Nun, das werden wir gleich sehen . . ."

Rhabarberkompott

Wißt ihr noch, wie Känga und Ruh in den Wald kamen? Kaninchen entschied sofort, daß es die beiden nicht mochte, weil sie anders waren. Dann fing es an zu überlegen, wie man sie dazu bringen könnte, wieder fortzugehen. Zum Glück für alle ging der Plan schief, wie es nun einmal mit schlauen Plänen früher oder später geht.

Schlauheit hat schließlich ihre Grenzen. Spontane Feststellungen und schlaue Bemerkungen dieser Art erweisen sich mit der Zeit oft als unzutreffend, denn mit Schläue geht man den Dingen nicht unbedingt auf den Grund, um es gleich zu sagen. Wie Kaninchens Fall beweist, mußte es später seine Meinung ändern aus Gründen, die es nicht übersah, als es sich sein Bild machte. Was jemanden *wahrhaft* anders macht — nämlich einmalig —, ist etwas, das mit Schlauheit allein nicht zu verstehen ist.

Wir wollen dieses gewisse Etwas nachfolgend als das „wahre Wesen" bezeichnen. Da es einem so ziemlich über den Verstand geht, soll Puh es uns erklären, und das macht er nach Art des Rhabarberkompott-Prinzips.

„Eh . . . (Hüsteln) . . . *Ehem.*"

Entschuldigt mich bitte einen Augenblick.

„Was ist, Puh?"

„*Ich* soll es erklären?" frage Puh hinter vorgehaltener Tatze.

„Ja — ich fände das prima."

„Warum erklärst *du* es denn nicht?" wollte Puh wissen.

„Nun ja, ich finde es irgendwie besser, wenn *du* das machst."

„Ich finde die Idee nicht besonders gut", sagte Puh.

„Weshalb nicht?"

„Nämlich, wenn ich etwas erkläre, geht es meistens daneben", meinte er. „Deshalb."

„Also gut, dann erkläre ich es eben. Aber du kannst mir ab und zu auf die Sprünge helfen. Was hältst du davon?"

„Schon viel besser", sagte Puh.

Also: Das Rhabarberkompott-Prinzip beruht auf dem Lied *Rhabarberkompott*, das Puh in *Puh der Bär* singt. Hmm . . .

„Hör mal, Puh, vielleicht solltest du es lieber noch einmal singen, falls es jemand vergessen hat."

„Na klar", sagte Puh. „Also dann . . . wie war das noch . . . (*ehem*)":

Rhabarber, Rhabarber, Rhabarberkompott,
Trott geht nicht im Pferd, aber Pferd geht im Trott.
Stell mir ein Rätsel, und gleich sag' ich flott:
„*Rhabarber, Rhabarber, Rhabarberkompott.*"

Rhabarber, Rhabarber, Rhabarberkompott,
weder ich noch die Fische blasen Fagott.
Stell mir ein Rätsel, und gleich sag' ich flott:
„*Rhabarber, Rhabarber, Rhabarberkompott.*"

Rhabarber, Rhabarber, Rhabarberkompott,
warum tut ein Huhn, frag' ich mich weiß Gott.
Stell mir ein Rätsel, und gleich sag' ich flott:
„*Rhabarber, Rhabarber, Rhabarberkompott.*"

Fangen wir also an mit — Aua! Ach ja. „Das war sehr schön, Puh."

„Nicht der Rede wert."

Fangen wir mit dem ersten Teil an: „Trott geht nicht im Pferd, aber Pferd geht im Trott." Ganz einfach. Liegt doch auf der Hand, oder? Trotzdem würdest du staunen, wie viele Leute diesen einfachen Grundsatz in ihrem Alltagsleben mißachten und versuchen, ein Pferd von hinten aufzuzäumen, weil sie die einfache Wahrheit nicht wahrhaben wollen, daß alles so ist, wie es ist. Zwei Zitate aus den Schriften von Chuang-tse werden das verdeutlichen:*

> Hui-tse redete zu Chuang-tse und sprach: „Ich habe einen großen Baum. Die Leute nennen ihn Götterbaum. Der hat einen Stamm so knorrig und verwachsen, daß man ihn nicht nach der Richtschnur zersägen kann. Seine Zweige sind so krumm und gewunden, daß man sie nicht nach Zirkel und Winkelmaß verarbeiten kann. Da steht er am Weg, aber kein Zimmermann sieht ihn an. So sind Eure Worte, o Herr, groß und unbrauchbar, und alle wenden sich einmütig von ihnen ab."
>
> Chuang-tse sprach: „Habt Ihr noch nie einen Marder gesehen, der geduckten Leibes lauert und wartet, ob etwas vorüberkommt? Hin und her springt er über die Balken und scheut sich nicht vor hohem Sprunge, bis er einmal in eine Falle gerät oder in einer Schlinge zugrunde geht. Nun gibt es aber auch den Grunzochsen. Der ist groß wie eine Gewitterwolke; mächtig steht er da. Aber Mäuse fangen kann er freilich nicht. Nun habt Ihr so einen großen Baum und bedauert, daß er zu nichts nütze ist. Warum pflanzt Ihr ihn nicht auf eine öde Heide oder auf ein weites leeres Feld? Da könntet Ihr untätig in seiner Nähe umherstreifen und in Muße unter seinen Zweigen schlafen. Nicht Beil noch Axt bereitet ihm ein vorzeitiges Ende, und niemand kann ihm schaden. Daß etwas keinen Nutzen hat: was braucht man sich darüber zu bekümmern!"

* Nach: „Dschuang Dsi. Das wahre Buch vom südlichen Blütenland", übersetzt von R. Wilhelm, Diederichs Verlag, Köln 1974.

Mit andern Worten: alles an seinem Platz und nach seiner Weise. Das gilt auch für die Menschen, nur merken es die meisten nicht, weil sie in der Klemme sitzen mit dem falschen Job, dem falschen Ehepartner oder dem falschen Haus. Wenn du dein wahres Wesen kennst und achtest, weißt du, wo du hingehörst. Du weißt aber auch, wo du *nicht* hingehörst. Was der eine ißt, mag für den andern Gift sein, und was manche toll und aufregend finden, ist für andere eine gefährliche Falle. Das verdeutlicht ein anderer Vorfall aus Chuang-tses Leben:

> Chuang-tse fischte einst am Flusse P'u. Da sandte der König von Ch'u zwei hohe Beamte als Boten zu ihm und ließ ihm sagen, daß er ihn mit der Ordnung seines Reiches betrauen möchte.
>
> Chuang-tse behielt die Angelrute in der Hand und sprach, ohne sich umzusehen: „Ich habe gehört, daß es in Tschu eine Götterschildkröte gibt. Die ist nun schon dreitausend Jahre tot, und der König hält sie in einem Schrein mit seidenen Tüchern und birgt sie in den Hallen eines Tempels. Was meint Ihr nun, daß dieser Schildkröte lieber wäre: daß sie tot ist und ihre hinterlassenen Knochen also geehrt werden, oder daß sie noch lebte und ihren Schwanz im Schlamme nach sich zöge?"
>
> Die beiden Beamten sprachen: „Sie würde es wohl vorziehen, zu leben und ihren Schwanz im Schlamme nach sich zu ziehen."
>
> Chuang-tse sprach: „Geht hin! Auch ich will lieber meinen Schwanz im Schlamme nach mir ziehen."

„Ich mag Schlamm auch", sagte Puh.

„Ja? . . . Na ja, wie dem auch sei —"

„An einem heißen Sommertag? Da gibt es doch nichts Besseres", bekräftigte er.

„Aber die Sache ist die —"

„Er hält einen kühl", erklärte er.

„Darauf kommt es hierbei nicht an, Puh", sagte ich.

„*Nicht?*" fragte er ziemlich entrüstet.

„Ich meine, es gibt anderes —"

„Woher weißt du das?" wollte Puh wissen, „hast du es je ausprobiert?"

„Nein, aber —"

„Genau das richtige für einen heißen Sommertag", fuhr Puh fort, wobei er sich zurücklehnte und die Augen schloß. „Unten am Fluß, mit Schlamm bedeckt."

„Hör mal, Puh —"

„Schlamm ist etwas Feines", fiel nun Ferkel ein, kam zum Schreibtisch herüber und sah zu uns hoch. „Er bringt ein wenig Farbe auf die Haut."

„Kann nicht behaupten, daß *ich* je Wert darauf gelegt hätte", sagte Eule, die jetzt herbeigeflogen kam und sich auf der Lampe niederließ. „Er bleibt einem in den Federn kleben. Ziemlich unangenehm."

„Seht ihr?" sagte ich, „jeder ist anders. *Darüber* haben wir geredet."

„Ich dachte, wir hätten über Schlamm geredet", meinte Ferkel.

„Ich auch", pflichtete Puh bei.

„Ich muß wieder zurück zu meinem Lexikon", sagte Eule.

Und jetzt sollten wir nach Möglichkeit zum zweiten Teil übergehen: „Weder ich noch die Fische blasen Fagott." Käme diese Feststellung aus dem Munde eines Weisen, würde das heißen: „Ich habe gewisse Grenzen und bin mir ihrer bewußt." Der Weise würde entsprechend handeln. Es schadet nichts, wenn man nicht Fagott spielen kann, insbesondere nicht, wenn man ein Fisch ist. Aber eine Menge kann dadurch schiefgehen, daß man sich blindlings an

Dinge gibt, für die man nicht geschaffen ist. Fische leben nicht auf Bäumen und Vögel nicht allzulange unter Wasser, wenn es sich vermeiden läßt. Leider sind manche Menschen — sie meinen immer, sie seien viel klüger als Fische und Vögel — nicht so weise und bereiten schließlich sich selbst und anderen die größten Schwierigkeiten.

Das bedeutet nun nicht, daß wir aufhören müßten, uns zu verändern und zu verbessern. Es heißt lediglich, daß wir erkennen müssen, wer wir sind. Wenn du dir der Tatsache bewußt bist, daß du schwache Muskeln hast, brauchst du eigentlich nur das Richtige zu tun, und dann wirst du allmählich stark. Wenn du jedoch die Realität außer acht läßt und versuchst, jemandes Auto aus einem Graben herauszuziehen, in was für einem Zustand wirst du nach einiger Zeit wohl sein? Und wenn du auch Muskeln wie kein anderes Lebewesen sonst hättest, könntest du noch längst keinen Güterzug umwerfen. Die Weisen kennen ihre Grenzen, die Dummen nicht.

Wie das gemeint ist, zeigen wir am besten am Beispiel von Tiger, der seine Grenzen nicht kennt.

Oh, Verzeihung. Er sagt, jetzt *wohl.*

Nun, rufen wir uns einmal ins Gedächtnis zurück, wie er sich wenigstens einer Grenze bewußt wurde. Ruh und Tiger spazierten eines morgens durch den Wald, und Tiger erzählte, was Tiger alles können . . .

„Können sie fliegen?" frage Ruh.

„Klar", sagte Tiger, „ sie sind sehr gute Flieger, die Tiger, Spitzenklasse-Flieger."

„Oh!" meinte Ruh, „können sie so gut fliegen wie Eule?"

„Klar", behauptete Tiger. „Sie wollen nur nicht."

Nachdem sie sich in dieser Art ein Weilchen unterhalten hatten, kamen sie bei den Sechs Kiefern an:

„Ich kann schwimmen", erklärte Ruh. „Ich bin in den Fluß gefallen, und dann bin ich geschwimmt. Können Tiger schwimmen?"

„Natürlich können sie. Tiger können alles."

„Können sie besser auf Bäume klettern als Puh?" wollte Ruh wissen. Sie machte gerade unter der höchsten Kiefer halt und blickte hinauf.

„Auf Bäume klettern können sie am allerbesten", sagte Tiger, „viel besser als Puhs."

Und wenig später wußten sie nur eins, nämlich daß sie auf der höchsten Kiefer festsaßen. Nicht gerade angenehm.

Aber dann kamen Puh und Ferkel vorbei, und Puh merkte natürlich schnell, was los war. Na ja, nicht *so* schnell . . .

„Es ist ein Jagular", stellte er fest.

„Was machen Jagulare denn?" fragte Ferkel und hoffte, sie machten es nicht.

„Sie verstecken sich in Baumkronen und lassen sich auf einen herabfallen, wenn man drunterhergeht", erklärte Puh. „Das hat mir Christoph Robin erzählt."

„Vielleicht sollten wir lieber nicht drunterhergehen, Puh. Falls er herabfiele und sich weh tun würde."

„Sie tun sich nicht weh", sagte Puh. „Sie sind sehr gut im Herabfallen."

Ferkel meinte immer noch, es sei grundverkehrt, unter jemandem herzugehen, der sehr gut im Herabfallen war, und wollte eben forteilen wegen etwas, was es vergessen hatte, als der Jagular laut zu ihnen herunter rief.

„Hilfe, Hilfe!" schrie er.

„Das machen Jagulare immer so", sagte Puh voller Interesse. „Sie schreien ‚Hilfe, Hilfe!', und wenn du dann hochschaust, lassen sie sich auf dich herabfallen."

Endlich kamen aber Christoph Robin und I-Ah des Weges, und eine Art Sprungtuch wurde ausgebreitet. Dann sprang Ruh und war gerettet, und Tiger sprang (wenn man es so nennen will) . . .

. . . und war gerettet (wenn man es so nennen will):

Es gab ein Krachen und ein Geräusch, als zerreiße etwas, und dann purzelten alle auf der Erde durcheinander. Christoph Robin und Puh und Ferkel rappelten sich zuerst wieder hoch, und dann hoben sie Tiger auf, und zuallerunterst war I-Ah.

„Ganz schön viel Ärger hast du allen gemacht, stimmt's, Tiger?"

„Immerhin habe ich aus der Erfahrung gelernt", sagte Tiger etwas ausweichend.

„Ach ja?"

„Klar. *So was* würde ich nicht mehr machen", meinte er im Brustton der Überzeugung.

„Das ist prima", bemerkte ich. „Du bist gerade auf dem Weg irgendwohin, nicht wahr?"

„Ja", antwortete er, „Ruh und ich wollen schwimmen gehen."

„Oha. Na, dann vergiß nicht, ein Seil mitzunehmen."

„Ein Seil? Warum denn ein Seil?" erkundigte sich Tiger.

„Och, nur so. Falls du jemanden hineinfallen siehst", erklärte ich.

„Warum ist *mir* das bloß nicht eingefallen?" sagte Tiger.

Ein Spruch aus der chinesischen Heilkunde scheint hier angebracht: „Eine Krankheit langes Leben; keine Krankheit kurzes Leben." Mit andern Worten: Wenn einer weiß, was mit ihm nicht stimmt, und sich entsprechend verhält, lebt er höchstwahrscheinlich viel länger als derjenige, der sich für kerngesund hält und seine Schwächen nicht wahrhaben will. In diesem Sinne kann dir also selbst eine gewisse Schwäche einen großen Gefallen erweisen, wenn du dir nur eingestehst, daß sie da ist. Das gleiche gilt für die eigenen Grenzen, ob Tiger sie nun kennt oder nicht — und Tiger kennen sie meist nicht. Das ist das Ärgerliche mit Tigern, verstehst du: Sie können *alles*. Sehr ungesund.

Hast du einmal deine Grenzen erkannt und akzeptiert, kannst du *mit* ihnen umgehen, statt *gegen* sie anzugehen und über sie zu stolpern, was nämlich passiert, wenn du sie mißachtest, auch wenn du das selber gar nicht merkst. Und dann wirst du erkennen, daß deine Grenzen vielfach deine Stärken sind.

Als beispielsweise Eules Haus umfiel, wer war da in der Lage, doch noch herauszuschlüpfen, obgleich ein schwerer Ast über der Tür lag und der einzige Weg nach draußen der Briefkastenschlitz war?

Ferkel, das sehr kleine Tierchen.

Nun zum letzten Teil des Gedichts: „Warum tut ein Huhn, frag' ich mich weiß Gott." Warum tut ein Huhn, was es tut? Das weißt du nicht? Ich auch nicht. Und auch sonst niemand. Die Wissenschaftler werfen sich in die Brust und kommen sich sehr gescheit vor, wenn sie alles mit Etiketten versehen, aber wenn du genauer hinsiehst, merkst du, daß sie nicht gerade viel aussagen. „Gene?" „DNS?" Begriffe, die nur die Oberfläche ankratzen . . . „Instinkt?" Weißt du etwa nicht, was *das* ist:

Wißbegieriger: „Warum fliegen Vögel vor dem Winter gen Süden?"
Wissenschaft: „Instinkt."

Zu deutsch: „Wissen wir nicht."

Die Sache ist die: Wir brauchen es auch gar nicht zu wissen. Wir brauchen die engstirnige Wissenschaft gar nicht nachzuäffen, die sich die Welt durch ein Elektronenmikroskop beguckt und nach Antworten sucht, die sie nie findet, sondern nur weitere Fragen. Wir brauchen gar nicht den theoretisierenden Philosophen zu spielen, der unnütze Fragen stellt und mit sinnlosen Antworten aufwartet. Was wir brauchen, ist die Einsicht in das wahre Wesen und die Bereitschaft, alles so zu nehmen, wie es ist. Sonst geraten wir in Schwierigkeiten.

Puh und Ferkel haben das herausgefunden, als sie den Versuch machten, einen Heffalump zu fangen. Sie wußten nicht so recht, was Heffalumpen gerne essen, und Ferkel meinte, Eicheln würden ihnen vielleicht schmecken, während Puh der Auffassung war — aber ihr erinnert euch doch, was ein Heffalump ist, oder?

Eines Tages, als sich Christoph Robin, Puh der Bär und Ferkel miteinander unterhielten, kaute Christoph Robin den Bissen, den er gerade im Mund hatte, zu Ende, schluckte und sagte beiläufig: „Ich habe heute einen Heffalump gesehen, Ferkel."

„Was hat er denn gemacht?" fragte Ferkel.

„Er lumpste nur so daher", erklärte Christoph Robin. „Ich glaube nicht, daß er *mich* gesehen hat."

„Ich habe einmal einen gesehen", meinte Ferkel, „wenigstens glaube ich das. Nur, vielleicht war es keiner."

„Ich auch", bemerkte Puh und fragte sich insgeheim, was wohl ein Heffalump war.

„Man sieht sie nicht oft", sagte Christoph Robin wieder ganz beiläufig.

„Jetzt nicht", stimmte Ferkel zu.

„Nicht zu dieser Jahreszeit", bekräftigte Puh.

Das ist ein Heffalump. Also entschlossen sich Puh und Ferkel, einen zu fangen. Und die Sache ließ sich auch gut an . . .

Puh kam auf die Idee, sie sollten eine sehr tiefe Grube graben, und dann würde der Heffalump daherkommen und in die Grube fallen, und dann —

„Warum?" fragte Ferkel.

„Warum was?" fragte Puh zurück.

„Warum würde er hineinfallen?"

Puh rieb sich mit der Tatze die Nase und sagte, der Heffalump würde vielleicht spazierengehen und dabei ein Liedchen summen und dann zum Himmel aufblicken, ob es wohl Regen gäbe, und so würde er die sehr tiefe Grube erst bemerken, wenn er halbwegs darinsteckte . . . und es zu spät wäre.

Ferkel meinte, das sei eine sehr gute Falle, aber angenommen, es würde bereits regnen?

Puh rieb sich wieder seine Nase und sagte, daran hätte er nicht gedacht. Und dann hellte sich seine Miene auf, und er erklärte, wenn es bereits regnete, würde der Heffalump zum Himmel aufblicken, ob es nicht *aufhörte* zu regnen, und so würde er die sehr tiefe Grube erst bemerken, wenn er halbwegs darinsteckte . . . und es zu spät wäre.

Ferkel bemerkte, nachdem dieser Punkt geklärt sei, glaube es, die Falle sei sehr listig gestellt.

Puh war mächtig stolz, als er das vernahm, und meinte, der Heffalump sei schon so gut wie gefangen, nur gab es noch eine andere Sache, die bedacht sein wollte, und die war: *Wo* sollten sie die sehr tiefe Grube graben?

Ferkel sagte, der beste Platz sei wohl da, wo ein Heffalump sich gerade befände, und zwar kurz bevor er hineinfalle und höchstens einen Schritt weiter.

„Aber dann würde er sehen, wie wir graben", wandte Puh ein.

„Nicht, wenn er gerade zum Himmel aufblickt."

Klingt einfach, nicht wahr? Erst gräbst du ein Loch . . .

. . . und überzeugst dich dann, daß es auch groß genug ist für einen Heffalump.

Und die beste Art, sicherzugehen, daß dir ein Heffalump in deine selbstgebaute Falle geht, ist die, etwas hineinzutun, was Heffalumpen gerne mögen, wie ein Sack Erdnüsse oder —

„Honig", fiel Puh ein.

„*Honig?*"

„Ein Topf Honig", bekräftigte Puh.

„Bist du sicher?"

„Ein großer Topf Honig", beharrte Puh.

„Wer hat je gehört, daß Heffalumpen Honig mögen? Klebrigen, schmierigen . . . sie würden doch niemals —"

„Das allerbeste", sagte Puh.

Also gut, *Honig*. Du stellst den Honig in die Falle, und eh du dich's versiehst, fängst du einen . . .

Hmm. Irgendwas ist schiefgegangen. Das ist kein Heffalump. Aber was ist es dann? Vielleicht findet Ferkel das heraus, wenn es nachsehen geht, was in der Falle ist.

„Hilfe, Hilfe!" schrie Ferkel, „ein Heffalump, ein fürchterlicher Heffalump!", und damit machte es sich davon, so schnell es konnte, und zeterte immer weiter: „Hilfe, Hilfe, ein ferchterlicher Hüffalump! Heff, Heff, ein fichterlercher Höllerlump! Hüpf, Hüpf, ein heffalicher Hellalumpf!"

Und es hörte nicht eher auf, zu schreien und zu gallopieren, bis es an Christoph Robins Haus ankam.

„Was ist denn los, Ferkel?" fragte Christoph Robin, der gerade eben aufstand.

„Heff", — Ferkel war so außer Atem, daß es kaum sprechen konnte, „ein Höll — ein Heff — ein Heffalump."

„Wo denn?"

„Da oben", sagte Ferkel unter Pfotenschwenken.

„Und wie sah er aus?"

„Wie — wie — er hatte den dicksten Kopf, den du je gesehen hast, Christoph Robin. Ein riesengroßes Riesending, wie — wie — wie nichts. Ein ungeheuer dickes — nun, wie ein — ich weiß nicht — wie ein riesengroßes dickes Nichts. Wie ein Topf."

Der Honig war also doch nicht so gut zu gebrauchen. Wir waren ja ohnehin nicht der Meinung, daß er wirklich der Heffalumpennatur entsprach.

Da wir jetzt das Prinzip kennen, wollen wir —

„Ach du bist es, Puh."

„Kauschelmauschel *Rhabarberkompott* Kauschelmauschel."

„Wie bitte?"

„Erzähle ihnen vom *Rhabarberkompott* — was es bedeutet", flüsterte Puh nun etwas deutlicher.

„Das habe ich doch schon getan", erwiderte ich.

„Ich meine, erzähle ihnen, wofür es steht", sagte Puh erwartungsvoll.

„O ja, natürlich. Danke schön, Puh."

Wie Puh meint, sollen wir nämlich wissen, daß das Wort *Rhabarberkompott* eine Umschreibung für das wahre Wesen ist. Wenn wir also diesen Begriff in die letzte Zeile einer jeden Liedstrophe einsetzen, kommt heraus.

> Stell mir ein Rätsel, und gleich sag' ich flott:
> „*Wahres Wesen.*"

Hmm.

„*Rhabarberkompott* klingt besser", bemerkte Puh.

„Gut. Und wie findest du das hier, Puh?"

> Stell mir ein Rätsel, und gleich sag' ich flott:
> „*Alles ist, wie es ist.*"

„Schon besser . . . Aber es reimt sich noch nicht."

„Also gut. Und wie ist *das*?"

> Stell mir ein Rätsel, und gleich sag' ich flott:
> „*Rhabarber, Rhabarber, Rhabarberkompott.*"

„Genau richtig", sagte Puh.

Da wir jetzt das Prinzip kennen, wollen wir einmal sehen, wie es anzuwenden ist. Wir dürften inzwischen erkannt haben, daß keine zwei Schneeflocken, Bäume oder Tiere gleich sind. Auch zwei *Men-*

schen sind nicht ein und derselbe. Alles hat sein eigenes wahres Wesen. Nur lassen sich Menschen im Unterschied zu andern Lebensformen leicht von dem abbringen, was richtig für sie ist, denn Menschen haben Verstand, und der läßt sich schnell narren. Auf das wahre Wesen hingegen ist Verlaß, denn es läßt sich nicht narren. Aber viele Menschen schauen und horchen nicht nach innen, und folglich verstehen sie sich selbst nicht besonders gut. Und da sie sich selbst so wenig Verständnis entgegenbringen, haben sie auch wenig Selbstachtung und lassen sich leicht von anderen beeinflussen.

Statt ein Spielball der Verhältnisse zu sein und von denen manipuliert zu werden, die unsere Schwächen und Eigenheiten erkennen, über die wir selbst uns gar nicht im klaren sind, sollten wir lieber mit unseren Besonderheiten arbeiten und unser Leben selbst in die Hand nehmen. Der Weg des Selbstvertrauens fängt bei der Erkenntnis an, wer wir sind, womit wir arbeiten können und was uns guttut.

„Wie würdest *du* das erklären, Puh?"

„Mit einem Lied", sagte Puh, „einem kleinen Stückchen, das mir gerade eingefallen ist."

„Nur zu."

„Gewiß doch . . ." (Hüsteln).

„Wie kommst du weit voran,
weißt du nicht, WER du bist?
Wie kriegst du was getan,
weißt du nicht, WAS es ist?
Und fragst du dich nicht, WELCHE Sachen,
die vor dir liegen, sollst du machen,
dann hast du, wenn du was vollbracht,
doch nur 'ne Menge Mist gemacht

aus dem, was du erkennen müßtest,
wenn du nur WER, WAS, WELCHE wüßtest."

„Das war's", sagte er, lehnte sich zurück und schloß die Augen.

„Ein Meisterwerk!"

„Na ja, guter Durchschnitt vielleicht."

Wir kommen wohl kaum darum herum, früher oder später einiges an uns zu entdecken, was uns mißfällt. Aber wenn wir das erst einmal bemerkt haben, können wir auch entscheiden, was wir damit machen. Wollen wir es ganz loswerden, es in etwas anderes umwandeln, oder wollen wir auf gute Weise Gebrauch davon machen? Die beiden letztgenannten Wege sind meist besonders hilfreich, da man sich dabei nicht gleich kopfüber in Konflikte stürzt und sich nicht abzumühen braucht. Außerdem ergibt sich dann die Möglichkeit, diese umgeformten Eigenheiten unter die Dinge einzureihen, die uns eine Hilfe sein können.

Ähnlich können wir mit den sogenannten negativen Gefühlen umgehen und lernen, sie auf positive Art zu nutzen, statt mit aller Macht dagegen anzukämpfen. Das zugrundeliegende Prinzip läßt sich vielleicht so verdeutlichen: Hämmert man auf dem Klavier herum, machen die Tasten Lärm, aber wenn man sie ganz entfernt, nimmt man sich die Möglichkeit, Musik zu machen. Ich meine, Musik und Leben unterscheiden sich nicht grundsätzlich voneinander.

„Findest du nicht auch, Puh?"

„Finde ich was?" fragte Puh und machte die Augen auf.

„Musik und Leben —"

„Ein und dasselbe", fiel Puh ein.

Das haben wir uns gedacht. Statt also gegen uns selbst anzugehen, brauchen wir in vielen Fällen nur anders von unsern Schwächen und schlechten Angewohnheiten Gebrauch zu machen als vorher.

Die folgende von dem Taoisten Liu An aufgezeichnete Begebenheit mag als erhellendes Beispiel dienen:

In der Provinz Ch'u wurde ein Einbrecher Soldat unter General Tzu-fa, der dafür bekannt war, mit erstaunlichem Scharfblick die Fähigkeiten anderer nutzbar zu machen.

Kurze Zeit später wurde Ch'u von der Armee der Provinz Ch'i angegriffen. Tzu-fas Männer zogen zur Abwehr aus, wurden jedoch dreimal zurückgedrängt. Während die Ch'u-Feldherren sich immer mehr erschöpften, nahmen die feindlichen Kräfte an Stärke zu.

Da trat der Einbrecher vor und bat um die Gelegenheit, etwas zur Verteidigung Ch'us tun zu dürfen. Der General entsprach seiner Bitte.

In der Nacht schlich sich der Einbrecher in das feindliche Lager, schlüpfte in das Zelt des Generals und entfernte die Bettvorhänge. Diese schickte Tzu-fa am nächsten Morgen zurück mit einem Begleitschreiben, in dem stand, sie seien von einigen Männern beim Feuerholzsammeln aufgefunden worden.

In der folgenden Nacht stahl der Einbrecher das Kissen des Ch'i-Generals. Auch das wurde morgens mit einem ähnlichen Begleitschreiben zurückgeschickt.

In der dritten Nacht entwendete der Einbrecher die Jade-Haarnadel des feindlichen Generals. Sie wurde am nächsten Morgen ebenfalls zurückerstattet.

An diesem Tag rief der Ch'i-General seine Offiziere zu sich. „Noch eine Nacht", sagte er warnend, „und es kostet mich meinen *Kopf*!" Und dann erging an die Truppen der Befehl, das Lager abzubrechen und heimzuziehen.

Es kann also keine Rede davon sein, daß eine Fähigkeit überflüssig, nichtsnutzig oder unbedeutend wäre. Alles hängt davon ab, was man damit anfängt. Wie Lao-tse sagt, kann das Schlechte sehr wohl der Rohstoff für das Gute sein.

So ist es oft am einfachsten, aus dem Minus herauszukommen, indem man es in ein Plus umwandelt. Manchmal merkst du, daß sich Eigenheiten, die du verzweifelt loszuwerden versuchst, doch allmählich wieder einstellen. Aber wenn du das Rechte tust, kehren sie wenigstens in die rechten Bahnen zurück. Und manchmal kommen diese Eigenheiten, die du nicht leiden kannst, sogar genau richtig und im rechten Augenblick zum Vorschein und retten dir das Leben. Wenn dir das jemals passiert ist, wirst du es dir zweimal überlegen, ob du wirklich gegen die eigene Natur kämpfen willst.

Was heißt denn „eigene Natur"? Na ja, ihr erinnert euch doch sicher an die Sache mit Tiger . . .

„Wie bist du bloß hineingefallen, I-Ah?" erkundigte sich Kaninchen, während es ihn mit Ferkels Taschentuch abtrocknete.

„Bin ich nicht", sagte I-Ah.

„Aber wie —"

„Ich bin *umgesprungen* worden", behauptete I-Ah.

„Oh", fiel Ruh aufgeregt ein, „hat dich jemand gestoßen?"

„Jemand hat mich *umgesprungen.* Ich stand gerade so am Fluß und dachte nach — ich dachte nach, falls jemand von euch weiß, was das bedeutet, als ich mit lautem Getöse *umgesprungen* wurde."

„Aber I-Ah!" riefen jetzt alle.

„Bist du sicher, daß du nicht ausgerutscht bist?" fragte Kaninchen altklug.

„Natürlich bin ich gerutscht. Wenn man auf einem glitschigen Flußufer steht und hinterrücks mit Getöse *umgesprungen* wird, rutscht man natürlich. Was hast du denn gedacht?"

„Wer war das wohl?" fragte Ruh.

I-Ah antwortete nicht.

„Ich vermute, es war Tiger", sagte Ferkel ängstlich.

„Hör mal, I-Ah", schaltete sich nun Puh ein, „war es ein Scherz oder Zufall? Ich meine —"

„Daran habe ich noch gar nicht gedacht, Puh. Selbst auf dem tiefsten Grunde des Flusses habe ich nicht daran gedacht, zu fragen: ‚*Ist* das nun ein netter Scherz, oder ist es reiner Zufall?' Ich trieb einfach wieder an die Oberfläche und sagte mir: ‚Naß ist es.' Wenn du verstehst, was ich meine."

Um nun dem Tiger seine Springerei abzugewöhnen, rückte Kaninchen wieder mit einem seiner berühmten Pläne heraus. Kaninchen, Puh und Ferkel würden Tiger irgendwohin bis tief in den Wald mitnehmen, wo er noch nie gewesen war, und ihn da verlieren. Und von da an wäre er dann ein jämmerlicher kleiner Tiger, der nie mehr jemanden umspränge. So was von Schlauheit, würde I-Ah jetzt sagen, denn wie die Dinge liefen, verirrten sich durch Kaninchens Plan alle, auch Kaninchen selbst. Genauer gesagt: Alle außer Tiger. Tiger gehen nicht verloren, wie die Sache nun einmal steht, auch nicht im Nebel tief im Wald. Und das erwies sich als sehr nützlich.

Denn Puh und Ferkel fanden zwar nach einer Weile den Heimweg, aber. . .

„Wo ist denn Kaninchen?"

„Ich weiß nicht", sagte Puh.

„Oh — na ja, Tiger wird es sicher finden. Er hält schon überall Ausschau nach euch."

„Na dann", meinte Puh, „ich muß jedenfalls wegen etwas nach Hause, und Ferkel auch, weil wir es bis jetzt noch nicht hatten, und —"

„Ich komme mit und sehe dir zu", sagte Christoph Robin.

Also ging er mit Puh nach Hause und sah ihm ziemlich lange zu . . . und die ganze Zeit, während er zusah, raste Tiger im Wald herum und brüllte nach Kaninchen. Und ein kleines Häufchen Elend von Kaninchen hörte ihn schließlich. Und dieses kleine Häufchen Elend von Kaninchen hetzte durch den Nebel auf den Lärm zu, und da war auf einmal Tiger — ein freundlicher Tiger, ein prächtiger Tiger, ein großer, hilfreicher Tiger, der zwar ein bißchen hin und her hüpfte und herumsprang, der aber so schön herumsprang, wie nur ein Tiger herumspringen kann.

„Ach, Tiger, bin *ich* froh, dich zu sehen", schluchzte Kaninchen.

Wann hat das häßliche Entlein in *Andersens Märchen* aufgehört, sich häßlich zu fühlen? Als es merkte, daß es ein Schwan war. In jedem von uns ist etwas Besonderes, so eine Art Schwan, verborgen.

Doch solange wir nicht erkennen, daß er da ist, was können wir da schon anderes machen als herumplanschen und Wasser treten? Wer weise ist, ist der, der er ist. Er tut das Seine und tut es so, wie es ihm möglich ist.

Es gibt auch Dinge an uns, die wir loswerden müssen; es gibt Dinge, die wir ändern müssen. Trotzdem brauchen wir nicht aufs Äußerste zu gehen, sollten wir nicht mit dem Kopf durch die Wand rennen. Wenn man sich auf den Weg macht, um sinnvoll und glücklich zu leben, wandeln sich etliche dieser Eigenheiten allmählich ganz von selbst, und an den übrigen kann man vielleicht nach und nach etwas tun. Zuallererst müssen wir unser wahres Wesen erkennen und ihm vertrauen und es niemals aus den Augen verlieren. Denn im häßlichen Entlein steckt der Schwan und im herumspringenden Tiger der Retter, der den Weg weiß, und in jedem von uns steckt etwas Besonderes, das wir uns erhalten müssen.

Lange Zeit schauten sie schweigend auf den Fluß hinunter, und der Fluß schwieg auch, denn es herrschte Ruhe und Frieden an diesem Sommernachmittag.

„Tiger ist wirklich okay", sagte Ferkel träge.

„Aber sicher ist er das", bestätigte Christoph Robin.

„Jeder ist okay", ließ sich nun Puh vernehmen. „Finde ich jedenfalls", fuhr er fort. „Aber vielleicht habe ich auch nicht recht", schloß er dann.

„Aber sicher hast du das", sagte Christoph Robin.

Der Puh-Weg

> Als der Bach schließlich am Waldrand ankam, war er fast schon zum Fluß herangewachsen, und da er nun erwachsen war, lief und hüpfte und glitzerte er nicht mehr so wie vorher, als er noch jung war, sondern glitt ruhiger dahin. Denn jetzt wußte er ja, wohin es ging, und sagte sich: „Eile mit Weile. Wir werden schon eines Tages dort anlangen."

Damit kommen wir zu dem, was als Wesenskern des lebendigen Taoismus bezeichnet werden könnte. Im Chinesischen wird es *Wu Wei* genannt. Es ist auch das Grundelement von Puhs Leben und Treiben. Bei uns hat es noch keinen bestimmten Namen. Wir finden jedoch, daß es an der Zeit ist, es endlich zur Kenntnis zu nehmen und beim Namen zu nennen, also nennen wir es den *Puh-Weg*.

Wörtlich übersetzt bedeutet *Wu Wei*: „ohne Tun, Ursache oder Verdienst". Das heißt praktisch: ohne unnützen Eifer, falschen Ehrgeiz und eigenwillige Absichten vorzugehen. Es ist recht bezeichnend, daß sich das Schriftzeichen *Wei* aus den Symbolen für „greifende Hand" und „Affe" herleitet und daß der Begriff *Wu Wei* daher auch Nicht-Angehen gegen die Natur der Dinge bedeutet: kein vorwitziges Eingreifen, kein Affentheater.

Wu Wei ist in seiner Wirkung wie Wasser, das bei seinem Lauf über die Steine und um die Felsen herumfließt — es wirkt nicht auf mechanische, gradlinige Weise, bei der letzten Endes meist die Naturgesetze übergangen werden, sondern auf eine Weise, die aus dem inneren Gespür für den natürlichen Rhythmus der Dinge erwächst.

Nehmen wir ein Beispiel aus den Schriften Chuang-tses:

In der Schlucht von Lü stürzt der große Wasserfall Tausende von Fuß hinab, und sein Gischt ist meilenweit sichtbar. Unten in den schäumenden Wassern ist nie ein lebendiges Geschöpf erblickt worden.

Als Konfuzius einmal in einiger Entfernung vom Rande des Wasserfalles stand, sah er einen alten Mann, der von den wilden Fluten mitgerissen wurde. Er rief seine Schüler herbei, und zusammen rannten sie, den Ärmsten zu retten. Aber als sie endlich das Wasser erreicht hatten, war der Alte ans Ufer geklettert, spazierte einher und sang vor sich hin. Konfuzius eilte zu ihm. „Du müßtest ein Geist sein, um das zu überleben", sprach er, „aber du scheinst doch ein Mensch zu sein. Was für eine geheime Macht besitzt du?"

„Nichts im besonderen", erwiderte der Alte. „Ich habe schon in sehr jungen Jahren zu lernen begonnen und immer weiter geübt, während ich heranwuchs. Jetzt bin ich des Erfolgs sicher. Ich gehe mit dem Wasser unter und komme mit dem Wasser wieder hoch. Ich passe mich an und vergesse mich selbst dabei. Ich überlebe, weil ich nicht gegen die Übermacht des Wassers ankämpfe. Das ist alles."

Wenn wir lernen, mit unserm wahren Wesen und mit den Naturgesetzen, die um uns herum wirksam sind, harmonisch zusammenzuarbeiten, erreichen wir die Ebene des *Wu Wei.* Dann halten wir uns an die natürliche Ordnung der Dinge und gehen nach dem Prinzip des geringsten Aufwandes vor. Da die natürliche Welt diesem Prinzip folgt, macht sie auch keine Fehler. Fehler macht — oft nur in seiner Einbildung — allein der Mensch, dieses kopflastige Geschöpf, das sich aus dem tragenden Netz der Naturgesetze herauslöst, indem es störend eingreift und überall seine eigenen Absichten verfolgt.

Ganz anders Puh, der *absichtsloseste* Bär, den wir je gesehen haben.

„Wie machst du das nur, Puh?"

„Mach' ich was?" fragte Puh zurück.

„So absichtslos zu sein."

„Ich *tue* einfach so gut wie nichts", sagte er.

„Aber trotzdem bekommst du doch alles, was nötig ist, getan."

„Irgendwie geschieht das alles wie von selbst", meinte Puh.

„Moment mal. Das erinnert mich an etwas aus dem *Tao Te King*!" Ich griff mir das Buch. „Hier ist es — Kapitel 37. In der Übersetzung heißt es da in etwa ‚Das Tao tut nichts, und doch bleibt nichts ungetan'."

„Klingt wie ein Rätsel", sagte Puh.

„Es bedeutet, daß Tao keinen Zwang ausübt oder störend in den Lauf der Dinge eingreift, sondern alles auf seine Weise gewähren läßt, so daß sich der Erfolg von Natur aus einstellt. Dann wird getan, was immer auch zu tun ist."

„Aha", sagte Puh.

„Auf chinesisch würde das Prinzip *Wei Wu Wei* heißen, ‚Tun ohne Tat'. Und von *Wei Wu Wei* kommt *Tzu Jan*, ‚von selbst so'. Das bedeutet, alles geschieht von selbst und spontan."

„So, aha", sagte Puh.

Als einfachstes Beispiel für den Puh-Weg wollen wir uns einen Vorfall aus *Puh baut ein Haus* ins Gedächtnis rufen, wo Puh, Ferkel, Kaninchen und Ruh Puhstöckchen spielen. Sie warfen ihre Stöcke von der Brücke aus in den Fluß und gingen dann auf die andere Seite, um zu sehen, wessen Stöckchen zuerst zum Vorschein kommen würde.

Und sie hatten schon eine ganze Weile gewartet, da kam etwas angeschwommen . . .

I-Ah. *I-Ah?*

„Ich wußte gar nicht, daß *du* mitspielst", sagte Ruh.

„Tu' ich auch nicht", gab I-Ah zurück.

„I-Ah, was machst du *dann* da?" fragte Kaninchen.

„Dreimal darfst du raten, Kaninchen. Löcher in den Grund buddeln? Falsch. In einer jungen Eiche von Ast zu Ast hüpfen? Auch falsch. Darauf warten, daß mir jemand aus dem Fluß hilft? Richtig. Laß Kaninchen Zeit, und es findet immer eine Antwort."

Und dann kam Puh auf eine Idee: Sie könnten ein paar Steine in den Fluß werfen, von den Steinen würde das Wasser Wellen schlagen, und die Wellen würden I-Ah ans Flußufer tragen. Kaninchen fand die Idee gut. I-Ah nicht.

„Angenommen, wir treffen ihn aus Versehen?" fragte Ferkel ängstlich.

„Oder angenommen, ihr würdet aus Versehen danebentreffen", bemerkte I-Ah. „Zieht erstmal alle Möglichkeiten in Betracht, Ferkel, ehe ihr euch ins Vergnügen stürzt."

Aber Puh hatte schon den größten Stein, den er eben tragen konnte, zwischen den Tatzen und lehnte sich über das Brückengeländer.

„Ich werfe ihn nicht, I-Ah, ich lasse ihn nur fallen!" erklärte er. „Und dann kann gar nichts daneben —, ich meine, dann kann ich dich gar nicht treffen. Könntest du nicht einen Augenblick aufhören, so zu kreiseln, denn das bringt mich ziemlich durcheinander?"

„Nein", sagte I-Ah, „ich kreisel nun mal gerne."

Kaninchen hatte langsam das Gefühl, es sei an der Zeit, das Kommando zu übernehmen.

„Also, Puh", sagte es, „wenn ich ‚Jetzt!' rufe, kannst du ihn fallen lassen. I-Ah, wenn ich ‚Jetzt!' rufe, läßt Puh den Stein fallen."

„Besten Dank, Kaninchen, aber ich bin sicher, ich werde es rechtzeitig merken."

„Bist du bereit, Puh? Ferkel, laß Puh etwas mehr Platz. Geh ein bißchen zurück, Ruh. Seid ihr bereit?"

„Nein", sagte I-Ah.

„*Jetzt!*" rief Kaninchen. Puh ließ seinen Stein fallen. Es klatschte laut, und I-Ah verschwand . . .

Das waren bange Minuten für alle auf der Brücke. Sie starrten und starrten . . . und selbst der Anblick von Ferkels Stöckchen, das kurz vor Kaninchens angeschwommen kam, stimmte sie nicht so fröhlich, wie eigentlich zu erwarten gewesen wäre. Doch gerade, als Puh zu glauben anfing, er müsse wohl den falschen Stein oder den falschen Fluß oder den falschen Tag für seine Idee gewählt haben, zeigte sich einen Moment lang etwas Graues in Ufernähe . . . und es wurde langsam größer und größer. . . und schließlich war es I-Ah, der herausstieg.

Mit Geschrei rannten sie von der Brücke und drückten und zogen ihn, und bald stand er mitten unter ihnen auf dem Trockenen.

„Ach, I-Ah, bist *du* aber naß!" rief Ferkel und befühlte ihn. I-Ah schüttelte sich und bat, jemand möge doch Ferkel erklären, was geschieht, wenn man ziemlich lange in einem Fluß war.

„Gut gemacht, Puh", sagte Kaninchen freundlich. „Das war mal eine feine Idee von uns."

Wie es immer so geht, beansprucht die Schlauheit alle Lorbeeren nach Möglichkeit für sich. Doch ist nicht etwa das schlaue Köpfchen daran schuld, wenn eine Sache gut ausgeht. Vielmehr ist es die innere Einsicht, die das Naheliegende erkennt und den Dingen ihren natürlichen Lauf läßt.

Wenn du mit *Wu Wei* zu Werke gehst, treibst du den runden Pflock in das runde Loch und den viereckigen Pflock in das viereckige Loch. Ohne Streß und ohne Mühe. Der Selbstsüchtige jedoch, der nur seine eigenen Absichten im Kopf hat, versucht den runden Pflock in das viereckige Loch und den viereckigen Pflock in das runde Loch zu schlagen. Der Schlaue wiederum verfällt auf immer neue Tricks, um irgendwelche Pflöcke in irgend etwas einzupassen, in das sie nicht hineingehören. Und der Gelehrte schließlich versucht herauszufinden, warum runde Pflöcke zwar in runde, aber nicht in viereckige Löcher passen. Bei *Wu Wei* gibt es keine derartigen Versuche, auch kein Nachdenken darüber. *Wu Wei* ist gleichbedeutend mit: einfach tun. Aber dieses Tun hat offenbar nichts mit Tätigwerden zu tun. Es tut einfach, und alles wird getan.

„Stimmt etwas nicht, Ferkel?"

„Der Deckel von diesem Glas sitzt *fest*", japste Ferkel. „Ja, er . . . *klemmt*, wahrhaftig. Hier, Puh, mach *du* doch mal auf."

(Plopp.)

„Danke, Puh", sagte Ferkel.

„Wofür denn?" erwiderte Puh.

„Wie hast du denn den Deckel aufgekriegt?" fragte jetzt Tiger.

„Es ist ganz leicht", erklärte Puh. „Du drehst einfach, so, bis du auch mit Kraft nicht mehr weiterdrehen kannst. Dann holst du tief Luft, und während du wieder ausatmest, *drehst* du. Das ist alles."

„Das will ich mal probieren!" brüllte Tiger und sprang in die Küche. „Wo ist das neue Glas Pickles? Ah, hier."

„Tiger", fing Ferkel ängstlich an, „ich glaube, daß du besser nicht —"

„Keine Angst", versicherte Tiger. „Einfach drehen, und —"

PÄNG!

„Alles klar, Tiger", sagte ich, „nun such mal schön die Pickles vom Boden auf."

„Sind mir aus der Pfote gerutscht", rechtfertigte sich Tiger.

„Er hat sich zuviel Mühe gegeben", sagte Puh.

Und wenn du dir zuviel Mühe gibst, klappt es nicht. Versuch mal, etwas mit angespanntem Arm schnell und genau zu greifen, dann laß locker und versuch es noch einmal. Versuch mal, mit angestrengtem Geist etwas zu tun. Der sicherste Weg, verspannt und ungeschickt zu werden und in Verwirrung zu geraten, ist der, seinen Verstand zu überanstrengen — zuviel zu denken. Die Tiere des Waldes denken nicht viel, sie *sind* einfach. Aber für die überwiegende Zahl der Menschen ist der Satz zutreffend: „Ich denke, also bin ich verwirrt", um einen alten Philosophen aus Europa frei zu zitieren. Wenn du das Leben in der Stadt mit dem Leben im Wald vergleichst, fängst du vielleicht an, dich zu wundern, warum ausgerechnet der Mensch mit dem Anspruch einherstolziert, das überlegene Tier zu sein.

„Wem überlegen?" fragte Puh.

„Ich weiß es nicht, Puh. Ich habe versucht, irgend etwas zu entdecken, aber mir fällt einfach nichts dazu ein."

„Wenn die Menschen den Tieren überlegen wären, würden sie besser mit der Erde umgehen", meinte Puh.

„Sehr wahr", bemerkte ich.

Doch über die Jahrhunderte hat der Mensch eine Geisteshaltung entwickelt, die ihn von der wirklichen Welt, der Welt der Naturgesetze trennt. Er überanstrengt seinen Verstand so sehr, bis er sich abgenutzt hat und am Ende schwach und kraftlos ist. Trotz hoher Intelligenz kann er mit seinem Verstand nichts anfangen. Seine Gedanken wandern hierhin und dorthin, können sich aber nicht auf das konzentrieren, was im gegenwärtigen Augenblick gerade not tut. Er fährt in einem schnellen Auto die Straße hinunter, ist jedoch in Gedanken in einem Laden und geht eine Einkaufsliste durch. Und dann wundert er sich, warum Unfälle passieren.

Wenn deinem Tun *Wu Wei* zugrunde liegt, begegnen dir keine bösen Unfälle. Die Dinge mögen manchmal etwas seltsam aussehen, aber sie gelingen am Ende. Du brauchst sie nicht mit aller Macht gelungen zu *machen*; du *läßt* sie einfach gewähren. Erinnern wir uns beispielsweise einmal an Klein. Klein — eine Abkürzung für

„sehr kleiner Käfer" — verschwand eines Tages, als er gerade um einen Stechginsterbusch herumkrabbelte. Keiner wußte, was geschehen war.

Also begann eine Suchaktion, und bald strengte ein jeder sich an, Klein zu finden. Natürlich hatte Kaninchen alle eingeteilt und unterwiesen. Alle außer Pŭh, natürlich.

Plumps!

„Aua", quietschte etwas.

„Merkwürdig", dachte Puh, „ich habe ‚aua' gesagt, ohne daß mir etwas weh tut."

„Hilfe!" ertönte ein zartes, hohes Stimmchen.

„Wieder ich", überlegte Puh. „Ich bin wohl verunglückt und in einen Brunnen gefallen, und meine Stimme ist ganz quietschig geworden und ertönt schon, ehe ich sie überhaupt erhebe, weil ich mir inwendig etwas getan habe. Sowas Dummes!"

„Hilfe! Hilfe!"

„Da haben wir den Salat! Ich spreche, obwohl ich gar nicht den Versuch mache. Es muß ein *sehr* schwerer Unfall sein." Dann kam ihm der Gedanke, wenn er nun wirklich versuchte, etwas zu sagen, würde er vielleicht gar nicht können; also sagte er, um sicherzugehen, ganz laut: „Ein schwerer Unfall für Puh Bär."

„Puh!" quiekte die Stimme.

„Ferkel!" rief Puh nun überrascht aus, „wo bist du denn?"

„Untendrunter", ließ sich Ferkel gewissermaßen untergründig vernehmen.

„Unter was?"

Nachdem *das* also klargestellt war. . .

„Puh!" rief es, „da krabbelt dir etwas den Rücken hoch!"

„Dacht' ich's doch", sagte Puh.

„Es ist Klein!" schrie Ferkel.

Wer bei seinem Tun und Lassen den Puh-Weg einschlägt, merkt, daß ihm solche Sachen andauernd passieren. Außer durch Beispiele ist es schwer zu erklären, aber es funktioniert. Die Dinge geschehen auf die rechte Weise zur rechten Zeit. Zumindest, wenn du sie *läßt*, wenn du mitgehst, statt zu sagen: „Das darf doch nicht wahr sein" und mit aller Macht versuchst, dagegen anzugehen, damit sie anders ausgehen. Wenn du dich dem Lauf der Dinge anpaßt, dann laufen sie so, wie sie müssen, ganz gleich, wie du gerade darüber denkst. Beim späteren Zurückschauen wirst du sagen: „Ach so, jetzt verstehe ich. Das mußte so sein, damit *jenes* passieren konnte, und jenes mußte geschehen, um *dieses* in Gang zu bringen . . ." Und dann wird dir klar, daß du das alles selbst in dem Bestreben, es perfekt hinzubekommen, nicht besser hättest machen können, und hättest du es *wirklich* versucht, wäre dir die ganze Sache daneben gegangen.

Hier ein weiteres Beispiel dafür, wie die Dinge ihren eigenen Lauf nehmen: I-Ahs Geburtstagsfest, wie es Puh und Ferkel arrangierten.

Nachdem I-Ah es ihm erzählt hatte, merkte Puh endlich, daß I-Ah Geburtstag hatte. Also entschloß er sich, ihm etwas zu schenken. Er ging nach Hause, um einen Topf Honig als Geburtstagsgeschenk zu holen, und besprach die Sache mit Ferkel, das I-Ah einen Luftballon schenken wollte, den es noch von seinem eigenen Fest aufbewahrt hatte. Dieweil Ferkel seinen Ballon holen ging, marschierte Puh mit dem Topf Honig zu I-Ah.

Aber nach einiger Zeit bekam er Hunger.

> So setzte er sich denn hin und nahm den Deckel von seinem Honigtopf ab. „Ein Glück, daß ich den dabeihabe", dachte er. „Manch ein Bär, der an einem so warmen Tag ausgeht, dächte gar nicht daran, eine Kleinigkeit mitzunehmen." Und damit begann er zu schmausen.
>
> „So, jetzt heißt es überlegen, wohin ich eigentlich wollte", besann er

sich, als er den Topf ganz ausgeleckt hatte. „Ach ja, zu I-Ah." Er stand langsam auf.

Und dann fiel es ihm plötzlich ein. Er hatte I-Ahs Geburtstagsgeschenk aufgegessen!

Nun ja, jedenfalls das meiste davon. Zum Glück hatte er noch den *Topf*. Und da er eben am Hundert-Morgen-Wald vorbeikam, ging er hinein, um Eule aufzusuchen, und ließ sich von ihr „Herzlichen Glückwunsch zum Geburtstag" daraufschreiben. Schließlich war es ja ein schöner Topf, auch mit nichts drin.

Unterdessen war Ferkel zu seinem Haus zurückgekehrt, um I-Ahs Luftballon zu holen. Es drückte ihn fest an sich, damit er nicht davonflog, und rannte, so schnell es konnte, um noch vor Puh bei I-Ah anzu-

kommen; denn es wollte gern zuerst mit seinem Geschenk dasein, damit man glaubte, es wäre ganz von selbst darauf gekommen, ohne daß ihm jemand etwas davon erzählt hätte. Und als es so dahinrannte und sich ausmalte, wie sehr I-Ah sich wohl freuen würde, achtete es nicht auf den Weg . . . und auf einmal trat es mit einer Pfote in ein Kaninchenloch und fiel auf die Nase.

PÄNG!!!???***!!!

Nun ja, nachdem Ferkel auf I-Ahs Ballon gefallen war, war der nicht mehr so . . . nun, er war mehr . . . das heißt, er war . . .

„Einen *Ballon?*" sagte I-Ah. „Hast du Ballon gesagt? Eins von diesen dicken bunten Dingern, die man aufbläst? Fröhlich, heiter, eins, zwei, drei, drehn wir uns im Tanz juchhei?"

„Ja, aber ich fürchte — es tut mir schrecklich leid, I-Ah — aber als ich so gerannt bin, um ihn dir zu bringen, bin ich hingefallen."

„Ach du meine Güte, wie fatal! Wahrscheinlich bist du zu schnell gerannt. Hast du dir auch nicht weh getan, Ferkelchen?"

„Nein, aber ich — mir — ach, I-Ah, mir ist der Ballon dabei zerplatzt!"

Lange, lange blieb es still.

„Mein Ballon?" vergewisserte sich I-Ah schließlich.

Ferkel nickte.

„Mein Geburtstagsballon?"

„Ja, I-Ah." Ferkel schniefte ein wenig. „Hier ist er. Und — und meinen herzlichsten Glückwunsch."

Mit diesen Worten reichte es I-Ah den kleinen, feuchten Fetzen.

„Ist er das?" fragte I-Ah etwas überrascht.

Ferkel nickte.

„Mein Geschenk?"

Ferkel nickte wieder.

„Der Ballon?"

Und gerade da kam Puh an.

„Ich habe dir ein kleines Geschenk mitgebracht", erklärte Puh aufgeregt.

„Ich hab' schon was", sagte I-Ah.

Puh war jetzt durch den Fluß zu I-Ah hinübergeplanscht; Ferkel saß etwas abseits, hielt den Kopf zwischen den Pfoten und schniefte vor sich hin.

„Es ist ein *sehr praktischer* Topf", bemerkte Puh. „Hier. Und darauf steht geschrieben ‚Herzlichen Glückwunsch zum Geburtstag und alles Liebe von Puh'. Das bedeutet nämlich dieses ganze Geschreibsel. Und man kann etwas hineintun. Da!"

Dann fand I-Ah heraus, daß der Ballon, da er nicht mehr so groß wie Ferkel war, leicht in den sehr praktischen Topf getan und hervorgeholt werden konnte, wann immer er gebraucht wurde, was natürlich mit einem normalen, unhandlichen Ballon gar nicht geht.

„Bin ich froh", sagte Puh glückstrahlend, „daß ich daran gedacht habe, dir einen sehr praktischen Topf zu schenken, in den man etwas hineintun kann."

„Bin ich froh", sagte Ferkel glückstrahlend, „daß ich daran gedacht habe, dir etwas zu schenken, was in einen sehr praktischen Topf hineingetan werden kann."

Aber I-Ah hörte gar nicht zu. Er nahm den Ballon heraus und tat ihn wieder hinein, und war so glücklich, wie man nur sein kann . . .

So ging alles gut aus.

Auf höchster Stufe praktiziert, ist *Wu Wei* unerklärlich und unsichtbar, weil es als reiner Reflex in Aktion tritt. Denn, wie Chuang-tse sagt, „durch *Wu Wei* fließt der Geist wie das Wasser, reflektiert wie ein Spiegel und hallt wider wie ein Echo".

Genau wie Puh. „Ehem. Ich sagte: ‚Genau wie Puh'."

„W-was?" Puh wachte jäh auf und fiel vom Stuhl. „Was ist wie wer?"

„Was fließt denn wie Wasser, reflektiert wie ein Spiegel und hallt wider wie ein Echo?"

„Oh, ein Rätsel", sagte Puh. „Wie oft darf ich raten?"

„Ich weiß nicht. Sehen wir einfach mal, was passiert."

„Was könnte das sein?" murmelte er. „Fließt wie Wasser . . ."

Bei *Wu Wei* verhältst du dich den Umständen entsprechend und horchst auf deine innere Stimme: „Nicht der richtige Moment, *das* zu tun. Ich gehe besser *dort* lang." So etwa. Wenn du auf diese Art vorgehst, sagen die Leute womöglich, du hättest den sechsten Sinn oder so was. Dabei handelt es sich eigentlich nur darum, ein Gespür für die jeweiligen Umstände zu entwickeln. Und das ist ganz natürlich. Sonderbar ist es nur, wenn du *nicht* horchst.

Das Gute am Gespür für die jeweiligen Umstände ist, daß du nicht andauernd schwierige Entscheidungen zu treffen brauchst. Die überläßt du einfach sich selbst.

Zum Beispiel spazierte Puh in *Puh baut ein Haus* eines Tages herum und versuchte sich darüber klar zu werden, wen er besuchen wollte. Er konnte I-Ah besuchen, den er seit gestern nicht gesehen hatte, oder Eule, die er seit vorgestern nicht gesehen hatte, oder Känga, Ruh und Tiger, die er allesamt längere Zeit nicht gesehen hatte. Wie sollte er da einen Entschluß fassen? Er setzte sich auf einen Stein und sang ein Lied.

Dann stand er auf und wanderte wieder umher, wobei er überlegte, ob er Kaninchen besuchen sollte, bis er sich vor seiner eigenen Haustür wiederfand. Er ging hinein, aß etwas und ging dann Ferkel besuchen.

So geht es, wenn man den Puh-Weg nimmt. Kein Ärger, keine Probleme. Nun —

„Ein Fluß?" fragte Puh.

„Was?"

„Die Antwort. Ein *Fluß* fließt wie Wasser, reflektiert wie ein Spiegel —"

„Aber er hallt nicht wider wie ein Echo", bemerkte ich.

„Doch, tut er ", beharrte Puh.

„Na ja, du bist *nahe* dran. So ziemlich jedenfalls. Glaube ich."

„Gib mir noch etwas mehr Zeit", sagte Puh.

Wie mit der *Wu-Wei*-Einstellung Konflikte gelöst werden, wird an den Übungen der taoistischen Kampfkunst *T'ai Chi Ch'üan* deutlich. Sie geht von der Grundidee aus, den Gegner dadurch zu ermüden, daß seine Kraft gegen ihn selbst gewendet oder abgelenkt wird, damit seine Energien, sein Gleichgewichtssinn und seine Verteidigungsposition geschwächt werden. Kraft wird nie Kraft entgegengesetzt, sondern sie wird durch Nachgeben buchstäblich entkräftet.

„Fließt wie Wasser, reflektiert wie ein Spiegel", brummte Puh vor sich hin und ging an mir vorbei.

„Du denkst zuviel, Puh", sagte ich. „Ich will dir einen Tip geben, vielleicht hilft das."

„Hoffentlich", meinte Puh, „es fängt nämlich an, mich zu ärgern."

„Also gut — um das Rätsel zu lösen, mußt du deinen Geist dahin-*fließen* lassen wie Wasser und *reflektieren*, was er wahrnimmt. Der *Widerhall* ist dann die Antwort. Alles klar?"

„Nein", sagte Puh.

„O je."

„Mal sehen — fließt wie Wasser . . .", murmelte Puh.

Das *Wu-Wei*-Prinzip, das dem T'ai Chi zugrunde liegt, wird verständlich, wenn du einmal auf einen im Wasser schwimmenden Korken schlägst. Je fester du zuschlägst, um so mehr gibt er nach; und je mehr er nachgibt, mit um so größerer Wucht kommt er zurück. Ohne daß er Energie aufwendet, kann dich der Korken doch leicht ermüden. Ebenso bezwingt *Wu Wei* Kraft durch Neutralisation der ihr innewohnenden Energie, statt den Konflikt noch zu verschärfen. Manch einer neigt dazu, Feuer mit Feuer zu bekämpfen, aber mit *Wu Wei* bekämpfst du Feuer mit Wasser.

„Ich hab's", rief Puh. „Ein Korken!"

„Was ist damit?"

„Hallt wider wie ein Echo!" verkündete er triumphierend.

„Aber er fließt nicht wie Wasser und reflektiert auch nicht wie ein Spiegel", bemerkte ich.

„Ach ja", sagte Puh, „das stimmt."

„Nun, ich glaube, ich sage es dir lieber. Es ist der Puh-Weg."

„Was?" fragte Puh.

„Die Antwort", erklärte ich.

„Ach", brummte Puh. Und dann fügte er hinzu: „Das war kein besonders gutes Rätsel."

„Na schön, dann stell du mir eins."

„Mit Vergnügen. Was ist ganz schwarz, weiß und rot?"

„O nein. Bloß *das* nicht."

„Kennst du das schon?" fragte Puh etwas erstaunt.

„Natürlich. Das ist doch uralt. Jedes Kind kennt die Lösung — es ist eine Zeitung."

„Nein", sagte Puh.

„Ein verschämtes Zebra?"

„Nein."

„Ja, dann . . ."

„Gibst du auf?" erkundigte sich Puh hoffnungsvoll.

„Also gut, ich gebe auf. Was ist denn schwarz und weiß und rot?"

„Ein Pinguin mit Sonnenbrand."

„Ganz schön blöd, Puh."

„Besser als deines", sagte er.

„Also dann, hier ist das nächste. Es hat was mit dem Gegenteil vom Puh-Weg zu tun. Was rennt den ganzen Tag herum, ohne irgendwo hinzukommen?"

„Ein Kaninchen?" riet Puh.

„Na ja, *fast* geraten."

„Ah, ich weiß. Es ist ein —"

Aber *das* heben wir für das nächste Kapitel auf.

Filztun-Balzrück

Kaninchen eilte am Saum des Hundert-Morgen-Waldes entlang und kam sich mit jeder Minute wichtiger vor, und bald hatte es den Baum erreicht, wo Christoph Robin wohnte. Es klopfte an die Tür, rief ein-, zweimal laut, ging dann ein wenig zurück, beschattete mit der Pfote die Augen und rief zur Baumkrone hoch, und dann ging es ganz darumherum und schrie „Hallo!" und „ich bin's, Kaninchen!" — aber nichts rührte sich. Dann hielt es inne und lauschte, und alles hielt inne und lauschte mit ihm, und der Wald war sehr einsam und still und friedvoll im Sonnenschein, bis plötzlich hundert Meilen über ihm eine Lerche zu singen anfing.

„So was Dummes!" sagte Kaninchen, „er ist ausgegangen."

Es ging wieder zur Vordertür zurück, um sich noch einmal zu vergewissern, und wandte sich eben mit dem Gefühl, der ganze Morgen sei nun verdorben, zum Gehen, als es ein Stück Papier auf der Erde liegen sah. Und eine Nadel steckte darin, als sei es von der Tür herabgefallen.

„Ha!" rief Kaninchen aus, und seine Stimmung besserte sich wieder, „eine Nachricht!"

Und das stand darin:

BINN AUS
BALZRÜCK
FILZTUN
BALZRÜCK

C. R.

Kaninchen wußte nicht, was ein Balzrück war — obwohl es ja selbst einer ist —, und so ging es Eule fragen. Eule wußte es auch nicht. Aber *wir* glauben es zu wissen, und unserer Ansicht nach wissen es auch eine Menge anderer Leute. Chuang-tse hat ihn ziemlich treffend beschrieben:

> Es war einmal ein Mann, der seine Fußstapfen und seinen Schatten nicht sehen mochte. Er beschloß, ihnen davonzulaufen und fing an zu rennen. Aber wie er so dahinrannte, erschienen immer mehr Fußstapfen, und sein Schatten hielt mit Leichtigkeit Schritt mit ihm. Da glaubte er, noch zu langsam zu sein, und rannte schneller und schneller, ohne anzuhalten, bis er schließlich vor Erschöpfung umfiel und starb.
>
> Wenn er stillgestanden hätte, wären keine Fußstapfen dagewesen. Wenn er im Schatten geruht hätte, wäre sein Schatten verschwunden.

Solche Leute trifft man offenbar auf Schritt und Tritt. Praktisch an jedem halbwegs sonnigen Tag kannst du die Balzrücks durch den Park joggen sehen und sie laut schnaufen hören. Vielleicht genießt du gerade ein Wiesenpicknick, und wie du eben mal aufblickst, sind dir schon ein, zwei von ihnen über dein Essen gerannt.

Im allgemeinen bist du jedoch inmitten von Wald und Wiesen sicher, da Balzrücks sie normalerweise meiden. Sie quälen sich lieber auf Asphalt und Zement ab, genau wie die kurzlebigen Transportmaschinen, für die diese harten Oberflächen erdacht wurden. Wenn sie schließlich genug giftige Abgase von Autos, die ihnen ständig ausweichen müssen, um sie nicht anzufahren, eingeatmet haben, können die Balzrücks sich gar nicht genug gegenseitig versichern, wieviel besser sie sich jetzt fühlen, nachdem sie endlich an der frischen Luft waren. „Natürlich leben" nennen sie das.

Der Filztun-Balzrück ist aktiv fast bis zur Verzweiflung. Wenn du ihn nach seinen wichtigsten Interessen fragst, zählt er lauter Sportarten auf wie:

„Drachenfliegen, Tennis, Jogging, Squash, Skifahren, Schwimmen und Wasserski."

„Ist das alles?"

„Nun, ich (keuch, japs, schnauf) — ich glaube ja", erwidert Balzrück.

„Haben Sie es je mit Autojagen versucht?"

„Nein, ich — nein, noch nie."

„Und was ist mit einem Alligatorringkampf?"

„Nichts . . . das heißt, das wollte ich schon immer mal probieren."

„Und mit Roller-Skates die Treppen hinunterfahren?"

„Daran habe ich noch gar nicht gedacht."

„Aber Sie haben doch gesagt, Sie wären *aktiv*!"

Spätestens jetzt sagt der Balzrück nachdenklich: „Hören Sie mal — meinen Sie, es ist etwas *faul* bei mir? Vielleicht schwinden meine Energien."

Nach einiger Zeit wohl schon.

Die athletische Sorte des Balzrücks — nur eine von vielen bekannten Arten — beschäftigt sich mit körperlicher Fitneß, sagt er. Aber aus irgendeinem Grunde sieht er das als etwas an, das dem Körper von außen eingehämmert werden muß, statt sich von innen her aufzubauen. Darum verwechselt er Übung mit *Arbeit*. Er arbeitet beim Üben, und meistens arbeitet er auch beim Spiel. Arbeit, Arbeit, Arbeit, Arbeit. Nur Arbeit und kein bißchen Spiel — das macht den Balzrück ganz schön fertig. Und hält er es lange genug so aus, bringt es ihn auch noch zu Tode.

Aber — da kommt Kaninchen. „Grüß dich, Kaninchen. Was gibt's Neues?"

„Ich bin gerade von Eule zurück", sagte Kaninchen etwas außer Atem.

„Ach ja? Du warst auch ganz schön lange fort."

„Nun ja . . . Eule wollte mir unbedingt etwas von ihrem Großonkel Philbert erzählen."

„Ach, *darum.*"

„Jedenfalls hat Eule gesagt, daß sie den unbehauenen Klotz auch nicht gesehen hat, aber daß Ruh wahrscheinlich damit spielt. Darum bin ich noch auf einen Sprung zu Känga hinüber, aber da war niemand."

„Sie sind in den Wald gegangen und üben mit Tiger Springen", erklärte ich.

„Ach so. Nun, dann gehe ich wohl besser wieder."

„Schön, Kaninchen, und . . ."

Wo ist es hin? So geht das immer, weißt du — der Balzrück hat keine ruhige Minute.

Drehen wir es einmal andersherum: Wenn du gesund, entspannt und zufrieden sein willst, brauchst du nur zu beobachten, was ein Filztun-Balzrück macht, und dann das Gegenteil davon zu tun. Da ist gerade einer, tänzelt vor und zurück, klingelt mit losen Münzen in seiner Hosentasche und schaut nervös auf seine Uhr. Schon bei seinem bloßen Anblick überkommt dich die große Müdigkeit. Der unverbesserliche Balzrück scheint immer gerade irgendwohin gehen zu müssen, zumindest rein äußerlich betrachtet. Trotzdem macht er nie einen *Spaziergang*; dazu hat er keine Zeit.

„Kein richtiges Gespräch", sagte I-Ah, „wo erst der eine und dann der andere dran ist. Du hast ‚Hallo!' gerufen und bist vorbeigeflitzt. Ich konnte gerade noch deinen Schwanz in der Ferne sehen, während ich über eine Antwort nachsann. Ich *wollte* schon ‚Was?' sagen — aber da war es natürlich bereits zu spät."

„Na ja, ich war in Eile."

„Kein Geben und Nehmen", fuhr I-Ah fort, „kein Gedankenaustausch wie: ‚Hallo!' — ‚Was?' . . . Ich meine, das bringt doch einfach nichts, insbesondere dann, wenn für die Dauer der zweiten Gesprächshälfte nur noch der Schwanz des Gesprächspartners in Sicht ist."

Der Filztun-Balzrück ist anscheinend immer unterwegs, immer heißt es:

BIN AUS
BALD ZURÜCK
VIEL ZU TUN
BALD ZURÜCK

oder, etwas genauer:

RÜCK AUS
BALD WEG
VIEL ZU TUN
BALD WEG

Der Filztun-Balzrück ist immer *irgendwohin* unterwegs, irgendwohin, wo er noch nicht war. Immer woandershin, als wo er gerade ist.

„Das ist der springende Punkt", sagte Kaninchen, „wohin?"

„Vielleicht sucht er etwas."

„Aber was?" fragte Kaninchen.

„Das wollte ich auch gerade sagen", bemerkte Puh. Und dann fügte er hinzu: „Vielleicht sucht er eine — eine —"

Eine Anerkennung vielleicht. Die Filztun-Balzrücks appellieren an unser religiöses Gefühl, unseren wissenschaftlichen Verstand und unseren Geschäftssinn, um uns davon zu überzeugen, daß irgendwo eine herrliche Belohnung auf uns wartet, ein Großer Preis, für den wir unser Leben aufs Spiel setzen und wie Verrückte arbeiten sollen. Ob dieser nun oben im Himmel, hinter dem nächstbesten Molekül oder auch in der Geschäftsführungsetage wartet, immer ist er uns ein Stück voraus — eben die Straße hinunter, auf der andern Seite des Erdballs, hinter dem Mond, jenseits der Sterne . . .

„Autsch!" Damit landete Puh auf dem Fußboden.

„Das kommt davon, wenn man auf einer Schreibtischecke einschläft", bemerkte ich. „Man fällt herunter."

„Macht gar nichts", meinte Puh.

„Wieso?" fragte ich.

„Ich hatte einen schrecklichen Traum", erklärte er.

„Ach ja?"

„Ja. Ich hatte einen Topf Honig gefunden . . ."

„Was ist denn *daran* so schrecklich?" erkundigte ich mich.

„Er bewegte sich", sagte Puh, „und *das* sollen sie eigentlich nicht. Eigentlich müssen sie stillstehen.

„Ja, ich weiß."

„Aber immer, wenn ich danach gelangt habe, fing dieser Topf Honig irgendwie an, woandershin zu wandern."

„Ein Alptraum", mußte ich zugeben und versuchte ihn damit zu trösten, daß viele Leute solche Träume haben.

„Ach", wunderte sich Puh, „von unerreichbaren Honigtöpfen?"

„Oder von ähnlichen Sachen", sagte ich, „das ist nichts Ungewöhnliches. Seltsam ist nur, daß manche Leute auch so *leben*."

„Warum?" wollte Puh wissen.

„Das weiß ich nicht", antwortete ich, „ich nehme an, weil sie dann etwas zu tun haben."

„Hört sich für meine Ohren nicht gerade lustig an", meinte Puh.

Nein, wahrhaftig nicht. Ein Lebensstil, bei dem es ständig heißt: „um die nächste Ecke, noch eine Stufe weiter", geht gegen die natürliche Ordnung der Dinge an und erschwert das Glücklichsein und Wohlbefinden so sehr, daß nur wenige dorthin gelangen, wo sie von Natur aus gleich hingekommen wären — nämlich zu Glück und Wohlsein, während die übrigen aufgeben, am Straßenrand umfallen und diese Welt verfluchen, die doch gar nichts dafür kann, sondern nur hilfreich den Weg weist.

Wer glaubt, die lohnenden Dinge im Leben lägen irgendwo in schillernden Fernen —

„Läßt seinen Toast oft anbrennen", fiel Puh ein.

„Wie bitte?"

„Läßt seinen Toast oft anbrennen", wiederholte Puh.

„Er — also, naja. Und nicht nur das —"

„Da kommt Kaninchen", unterbrach mich Puh jetzt.

„Oh, hier seid ihr", sagte Kaninchen.

„Hier sind wir", sagte Puh.

„Ja, hier sind wir", bekräftigte ich.

„Und da bist *du*", sagte Puh.

„Ja, hier bin ich", sagte Kaninchen ungeduldig. „Um zur Sache zu kommen — Ruh hat mir ihre gesammelten Klötze gezeigt. Sie sind allesamt behauen und bemalt, mit Buchstaben drauf."

„Ach ja?" bemerkte ich.

„Im Grunde hätte man sich's *vorher* denken können", fuhr Kaninchen fort und strich sich gedankenvoll den Backenbart.

„Nachdem wir alle andern abgehakt haben", schloß es, „muß *I-Ah* ihn haben."

„Aber Kaninchen", wandte ich ein, „sieh mal —"

„Ja", schnitt mir Kaninchen das Wort ab, „ich werde mal I-Ah aufsuchen und herausfinden, was er darüber weiß — das ist ganz eindeutig der nächste Schritt."

„Schon ist es weg", sagte Puh.

Wenn wir ein paar Jahre zurückblicken, sehen wir, daß sich die ersten Filztun-Balzrücks in der Neuen Welt, die Puritaner, praktisch auf ihren Feldern zu Tode gearbeitet haben und doch trotz ungeheurer Anstrengungen so gut wie nichts dabei herausholten. Sie nagten buchstäblich am Hungertuch, bis die klügeren Ureinwohner ihnen ein paar Fingerzeige gaben, wie man im Einklang mit den Erdrhythmen arbeitet. Wann man pflanzt — und wann man sich erholt. Wann man den Boden bearbeitet — und wann man ihn in Ruhe läßt. Die Puritaner haben den zweiten Teil nie recht verstanden, waren nie recht davon überzeugt. Und nun, nachdem sie zwei oder drei Jahrhunderte lang geackert, geackert und nochmals geackert haben, nachdem wir jahrelang die Kraft der einst so fruchtbaren Erde durch synthetische Aufputschmittel noch weiter erschöpft haben, schmecken die Äpfel nach Pappe, die Apfelsinen wie Tennisbälle und die Birnen wie gesüßtes Styropor. Es sind Produkte einer Erde, die sich nicht ausruhen darf. Wir sollen uns nicht beklagen, aber das haben wir davon.

„Sag mal, Puh, warum hast *du* eigentlich nichts zu tun?" fragte ich.

„Weil der Tag so schön ist", erwiderte Puh.

„Ja, aber —"

„Warum sollte man ihn verderben?" meinte er.

„Aber du könntest doch etwas Wichtiges zu tun haben", bohrte ich weiter.

„Hab' ich doch", behauptete Puh.

„So? Was denn?"

„Ich höre zu", sagte er.

„Wem hörst du denn zu?"

„Den Vögeln. Und dem Eichhörnchen da drüben."

„Und was sagen sie?" fragte ich.

„Daß der Tag schön ist", antwortete Puh.

„Aber das weißt du doch schon", gab ich zurück.

„Ja, aber es ist immer gut zu hören, daß jemand genauso denkt", erklärte er.

„Nun ja, du könntest aber deine Zeit lieber damit verbringen, Radio zu hören und dich zu bilden", bemerkte ich.

„Mit dem Ding da?"

„Gewiß. Wie sonst erfährst du, was in der Welt draußen vor sich geht?" sagte ich.

„Ich gehe einfach nach draußen", meinte Puh.

„Hmm . . . naja . . ." (Klick.) „Hör mal eben zu, Puh!"

„*Bei einem Zusammenstoß von fünf Jumbojets über der Stadtmitte von Los Angeles kamen heute dreißigtausend Menschen ums Leben . . .*", meldete das Radio.

„Was sagt dir *das* denn über die Welt?" fragte Puh.

„Hmm. Du hast recht." (Klick.)

„Und was sagen die Vögel jetzt?" wollte ich wissen.

„Daß der Tag schön ist", sagte Puh.

Das ist er wahrhaftig, auch wenn die Filztun-Balzrücks zu viel zu tun haben, um sich daran zu freuen. Aber kommen wir zum Schluß unserer Abhandlung über das Viel-zu-tun-Haben . . .

Die starrköpfigen Anhänger der bereits erwähnten hemdsärmeligen Hektikerreligion hatten keine Augen für die Schönheit der endlosen Wälder und klaren Gewässer, die auf dem frischen grünen Kontinent der Neuen Welt vor ihnen ausgebreitet lagen. Statt dessen erachteten sie dieses Paradies und die Menschen, die paradiesisch darin lebten, als fremd und bedrohlich, als etwas, das angegriffen und erobert werden mußte — denn all das stand ja dem Großen Preis im Wege. Singen mochten sie auch nicht besonders gerne. In der Tat —

„Was?" staunte Puh, „kein Singen?"

„Puh, ich versuche gerade, das hier zu Ende zu bringen. Aber ganz recht, kein Singen. Das mochten sie nicht."

„Also, wenn sie Singen nicht mochten, was hielten sie denn dann von Bären?"

„Ich glaube, Bären mochten sie auch nicht."

„Sie mochten keine *Bären*?"

„Nein. Nicht besonders jedenfalls."

„Kein Singen, keine Bären . . . was mochten sie denn *dann*?"

„Ich glaube nicht, daß sie *überhaupt etwas* mochten, Puh."

„Kein Wunder, daß alles hier ringsum ein wenig durcheinander ist", sagte er.

Wie dem auch sei, nach dem freudlosen Puritaner kam der rastlose Pionier und nach ihm der einsame Cowboy, der immer gerade in den Abendhimmel hineinreitet und Ausschau hält nach etwas, das vor ihm liegt. Und von diesen entwurzelten, frustrierten Vorfahren stammt der Filztun-Balzrück ab, der sich, wie seine Vorväter, in diesem freundlichen Land nie zufrieden und heimisch fühlte. Unbeugsam und kampfwütig, wie er nun einmal ist, geht der Balzrück mit geballten Fäusten auf sich selbst und seine Mitmenschen los, und auf diese Erde, die heldenhaft bemüht ist, weiterzubestehen, ganz ungeachtet dessen, was er ihr antut.

Wen wundert es da noch, daß der Balzrück Fortschritt mit

Kampf und Erfolg gleichsetzt. Eine von seinen kleinen Eigenheiten, könnte man sagen. Aber zum *wahren* Fortschritt gehören Wachstum, Entwicklung und innere Wandlung, und das ist etwas, das der eigensinnige Balzrück nicht mitmachen will. Der natürliche Wachstums- und Entwicklungsdrang, der allen Lebensformen innewohnt, verkehrt sich bei ihm zu einer Daueranstrengung, mit der er seine Umwelt (so der Bulldozer-Balzrück) und seine Mitmenschen (so der Prediger-Balzrück) zu ändern versucht. Dabei greift er in Dinge ein, von denen er lieber die Finger lassen sollte, und verändert alle Lebensformen dieser Erde.

Immerhin konnte er bisher innerhalb gewisser Grenzen von weiseren Leuten in Schach gehalten werden. Aber den Weisen geht es wie den Eltern überaktiver Kinder: Sie können nicht überall zugleich sein. Babysitter bei den Balzrücks zu spielen ist äußerst ermüdend.

„Da ist Kaninchen wieder", sagte Puh, „und I-Ah."

„Hallo, Kaninchen", sagte ich.

„*Und* I-Ah", verbesserte mich I-Ah.

„Ich habe I-Ah gefragt —", fing Kaninchen an.

„Das bin ich", unterbrach I-Ah, „I-Ah."

„Ja, ich erinnere mich", sagte ich nun, „ich habe dich letztes Jahr irgendwo draußen im Moor gesehen."

„Moor?" sagte I-Ah indigniert. „Das ist kein Moor. Das ist *Morast.*"

„Moor, Morast . . ."

„Was ist denn Morast?" fragte Puh.

„Wenn du bis zu den Knöcheln naß wirst, dann ist das Morast", erklärte I-Ah.

„Ach so", sagte Puh.

„Wenn hingegen", fuhr I-Ah fort, „du bis zum Hals einsinkst, dann ist das ein Moor. Moor, also wirklich", fügte er bitter hinzu, „daß ich nicht lache!"

„Jedenfalls habe ich I-Ah gefragt", fing Kaninchen wieder an, „und er hat gesagt, er hätte nicht die leiseste Ahnung, wovon ich rede."

„Es scheint, als sei ich da nicht alleine", sagte I-Ah zu Kaninchen. „*Du* hast auch nicht die leiseste Ahnung. Ganz offensichtlich nicht."

„Was *ist* denn nun eigentlich der unbehauene Klotz?" fragte Kaninchen.

„Ich", sagte Puh.

„*Du?*" fragte I-Ah. „Und ich komme extra den weiten Weg vom Mo —"

„Vom Moor", half ich ihm weiter.

„— vom Morast hierher nur für *Puh?*"

„Warum nicht?" sagte Puh.

„Kaninchen in seinem Betätigungsdrang ist alles recht", meinte I-Ah sarkastisch, „offenbar wirklich alles."

Eines kommt uns seltsam vor, daß nämlich die Gesellschaft der Filztun-Balzrücks, die doch jugendlichen Schwung, jugendliches Äußeres und eine jugendliche Gesinnung propagiert, keine wirksamen Methoden entwickelt hat, diese auch zu erhalten, ein Mangel, der schlagend dadurch bewiesen ist, daß man sich allgemein um künstliche Verschönerungsmaßnahmen wie Kosmetik und plastische Chirurgie reißt. Statt dessen wird unaufhörlich darauf hingearbeitet, Jugendlichkeit zugrunde zu richten und zu zerstören. Destruktive Tätigkeiten dieser Art, die nichts mehr mit dem erhofften Großen Preis zu tun haben, lassen sich unter dem Oberbegriff „Zeitsparen" zusammenfassen.

Als Beispiel für das Zeitsparen wollen wir uns einmal das klassische Denkmal des Filztun-Balzrücks ansehen: den „Schnellimbiß".

In China gibt es das Teehaus, in Frankreich das Straßencafé. Praktisch jedes zivilisierte Land dieser Erde hat etwas in dieser Art anzubieten — ein Lokal, in dem Leute essen, rasten und sich unterhalten können, ohne dabei die Uhr im Auge behalten oder gleich gehen zu müssen, sobald das Essen verspeist ist. Das Teehaus in China beispielsweise ist eine echte soziale Einrichtung. Den ganzen Tag über versammeln sich hier Familien, Freunde und Nachbarn bei Tee und leichten Speisen, und sie bleiben, solange sie Lust haben. Manchmal werden stundenlange Gespräche geführt. Es ist zwar ein wenig abwegig, das Teehaus als „nachbarliche Begegnungsstätte" zu bezeichnen, denn das ist ein Begriff westlicher Prägung, aber damit ist wenigstens in groben Zügen und für uns einigermaßen verständlich beschrieben, welche Funktionen es unter anderm hat. „Du bist ebenso wichtig wie alle andern. Ruh dich aus und vergnüge dich." Dieses Gefühl vermittelt dir das Teehaus.

Und was vermittelt dir der Schnellimbiß? Es liegt auf der Hand: „Du zählst nicht; beeil dich."

Aber nicht nur das, darüber hinaus ist der schreckliche Schnellimbiß, wie jeder inzwischen weiß, auch noch gesundheitsschädlich für den Kunden. Und leider ist er nicht das einzige Beispiel für die Zeitsparmentalität. Des weiteren können wir nämlich aufzählen: den Supermarkt, den Mikrowellenherd, das Atomkraftwerk, die Giftchemie . . .

Im Klartext heißt das: Wenn zeitsparende Erfindungen wirklich Zeit sparen würden, hätten wir heute viel mehr Zeit als jemals zuvor in der Geschichte. Aber seltsamerweise haben wir offenbar weniger Zeit als noch vor ein paar Jahren. Es macht wirklich Spaß, irgendwo zu sein, wo es keine zeitsparenden Apparaturen gibt, denn da merkst du auf einmal, daß du *jede Menge Zeit* hast. Anderswo bist du mit Arbeit überlastet, um die Maschinen bezahlen zu können, die dir Zeit sparen helfen, damit du nicht so schwer arbeiten mußt.

Das Kernproblem dieser Zwangsvorstellung vom Zeitsparen ist sehr einfach: Du kannst keine Zeit *sparen*. Du kannst sie nur brauchen. Aber du kannst weise oder töricht von ihr Gebrauch machen. Der Filztun-Balzrück hat praktisch überhaupt keine Zeit, weil er dauernd nur Zeit verschwendet, um Zeit zu sparen. Während er versucht, jedes Quentchen Zeit einzusparen, hat er am Ende doch seine ganze Zeit vergeudet.

Henry David Thoreau hat das in *Walden* folgendermaßen beschrieben:

> Warum sollen wir in solcher Eile, solcher Lebensverschwendung leben? Wir sind entschlossen zu verhungern, ehe wir noch hungrig sind. Die Leute sagen, ein Stich zur rechten Zeit erspare neun, und machen deshalb heute tausend Stiche, um morgen neun zu sparen.

Kehren wir für einen Augenblick zum Taoismus zurück und schaffen damit einen farbigen Kontrast zur jugendfeindlichen Gesellschaft der Filztun-Balzrücks. Zu den interessantesten Eigenarten des Taoismus gehört neben der Hochachtung für die Alten und Weisen das allgemeine Interesse an einem Phänomen, das als „unvergängliche Jugend" bekannt ist. Die taoistische Tradition ist voll von spannenden Geschichten und mehr oder weniger phantasievoll ausgeschmückten Berichten über Menschen, die schon in jungen Jahren die Geheimnisse des Lebens ergründeten. Aber was immer sie auch entdeckten, das Ergebnis war in jedem Fall das gleiche: Ihr ganzes Leben lang bewahrten sie ein jugendliches Äußeres und jugendfrische Kräfte.

Tatsächlich sind taoistische „Unsterbliche" aller Altersstufen immer für ihre jugendliche Einstellung und Erscheinung sowie ihre unverbrauchten Kräfte berühmt gewesen. Das kam aber nicht von ungefähr, sondern wurde durch taoistische Übungen erreicht. Jahrhundertelang lag die durchschnittliche Lebenserwartung in China nicht viel höher als bei vierzig Jahren, schwer arbeitende Bauern und aristokratische Lebemänner starben oft sogar noch jünger. Und doch wurden ungezählte Taoisten achtzig oder neunzig Jahre alt, und viele lebten noch bedeutend länger. Nachstehend eine meiner Lieblingsgeschichten als Beispiel dafür:

1933 meldeten Zeitungen rund um die Welt den Tod eines Mannes namens Li Chung Yun. Einer offiziellen, unwiderlegbaren Mitteilung der chinesischen Regierung zufolge, deren Wahrheitsgehalt noch durch eine unabhängig davon durchgeführte eingehende Untersuchung bestätigt wurde, war Li 1677 geboren. Als er über zweihundert Jahre alt war, hatte er noch an einer chinesischen Universität 28 dreistündige Vorträge über die Langlebigkeit gehalten. Wer ihn damals erlebte, gab an, er habe ausgesehen wie ein Fünfziger, hätte groß und aufrecht dagestanden und gesunde Zähne sowie volles Haar gehabt. Bei seinem Tod war er 256 Jahre alt.

Li lief als Kind von zu Hause fort und schloß sich ein paar wandernden Kräutersammlern an. Durch sie wurde er in den Bergen Chinas in die Geheimnisse der Naturmedizin eingeweiht. Er machte täglich von verschiedenen Verjüngungskräutern Gebrauch und unterzog sich zudem taoistischen Übungen. Von anderen, für Körper und Geist anstrengenden Betätigungen glaubte er, daß sie das Leben verkürzten. Wenn er reiste, dann am liebsten auf eine Art, die er „leichtfüßig gehen" nannte. Junge Männer, die ihn begleiteten, als er schon älter war, konnten nicht mit dem Tempo Schritt halten, das er selbst kilometerlang durchhielt. Er riet allen, die sich eine gute Gesundheit wünschten, „wie eine Schildkröte zu sitzen, wie eine Taube zu gehen und wie ein Hund zu schlafen". Nach seinem tiefsten Geheimnis befragt, pflegte er jedoch nur zu antworten: „Innere Ruhe."

Da wir gerade von derlei Sachen reden, wollen wir wieder zu *Puh baut ein Haus* zurückkehren. Eben hat Christoph Robin Puh eine Frage gestellt:

„Was machst du eigentlich am allerliebsten von der Welt, Puh?"

„Na ja", sagte Puh, „am allerliebsten . . .", und dann verstummte er wieder und mußte erst einmal überlegen. Denn obgleich Honigschlecken *wirklich* eine feine Sache war, gab es doch kurz vor dem Schlecken einen Augenblick, der noch schöner war als das eigentliche Schlecken, aber er wußte nicht, wie man das nannte.

Ist man endlich beim Schlecken, schmeckt der Honig eben gar nicht mehr *so* gut; einmal erreicht, bedeutet das Ziel nicht mehr so viel; und auch eine Belohnung verliert ihren Reiz, sobald man sie bekommen hat. Wenn wir alles addieren, womit uns das Leben belohnt, kommt nicht viel zusammen. Aber wenn wir die Zeiträume *zwischen* den Belohnungen addieren, kommt einiges zusammen. Und wenn wir die Belohnungen *und* die Zwischenzeiten zusammenziehen, haben wir alles miteinander — jede Minute der Zeit, die uns zur Verfügung steht. Sollten wir uns nicht ein Vergnügen daraus machen?

Einmal geöffnet, machen Weihnachtsgeschenke längst nicht mehr soviel Spaß wie vorher, wo wir sie noch untersuchen, anheben und schütteln, daran herumrätseln und sie auspacken können. Und doch gehen wir 365 Tage später erneut an die Sache und merken, wie wieder das gleiche passiert. Jedesmal, wenn das Ziel erreicht ist, ist das Vergnügen nur noch ein halbes, aber schon haben wir das nächste im Auge und danach wieder eins und wieder eins und wieder eins.

Damit ist jedoch nicht gesagt, daß unsere Ziele keinen Wert hätten. Sie *haben* einen Wert, denn sie bringen uns unter anderm dazu, eine Entwicklung zu durchlaufen, und eben dieser *Werdegang* macht uns weise, glücklich oder was auch immer. Wenn wir eine Sache falsch anpacken, macht sie uns elend und wütend, sie bringt uns durcheinander und ähnliches mehr. Das Ziel muß zu uns passen, und es muß uns förderlich sein, damit uns auch unser Werdegang förderlich ist. Aber abgesehen davon ist wirklich einzig und allein der Entwicklungsprozeß von Bedeutung. Sich seines Werdens zu freuen ist das ganze Geheimnis, mit dem man all den Märchen vom Großen Preis und vom Zeitsparen den Garaus macht. Vielleicht erklärt uns das ein wenig die Bedeutung, die das Wort *Tao*, der Weg, für das Alltagsleben hat.

Wie könnten wir denn nun den Augenblick vor dem Honigschlecken nennen? Der eine oder andere würde „Vorgeschmack" sagen, aber eigentlich ist es mehr als das. Nennen wir es Bewußtwerdung. Das ist der Moment der frohen Erwartung, den wir bewußt erleben. Indem wir uns des Werdens freuen, können wir diese Bewußt*werdung* so ausdehnen, daß sie nicht nur einen Augenblick andauert, sondern uns als Bewußt*sein* bleibt. Und dann macht uns alles Spaß. Genau wie Puh.

> Und dann dachte er daran, wie schön es war, mit Christoph Robin zusammen zu sein, und wie nett, Ferkel in der Nähe zu haben, und als er das alles überdacht hatte, sagte er: „Am allerliebsten von der Welt mag ich, wenn ich und Ferkel dich besuchen gehen und du sagst: ‚Wie steht's mit einem kleinen Happen?' und ich sage: ‚Na ja, ich hätte nichts dagegen einzuwenden, du vielleicht, Ferkel?', und draußen ist so ein Tag voll Flimmern und Summen, und die Vögel singen."

Wenn wir uns die Zeit nehmen, uns unserer Umgebung und unseres Daseins zu freuen, merken wir, daß wir gar keine Zeit mehr haben, Filztun-Balzrücks zu sein. Aber das macht nichts, denn ein Filztun-Balzrück zu sein ist ungeheure Zeitverschwendung. Wie schreibt der Dichter Lu Yu doch so schön:

Die Wolken droben vereinen und trennen sich,
Die Brise im Hofe kommt und geht.
So ist das Leben nun einmal, warum nicht verweilen?
Wer kann uns vom Feiern abhalten?

So ein Bär

Wir waren gerade dabei, uns über die Ode *An die Freude*, den Schlußchor aus Beethovens Neunter Symphonie, zu unterhalten.

„Eins meiner Lieblingsstücke", sagte Puh.

„Ganz meinerseits", stimmte ich zu.

„Meine Lieblingsstelle", fuhr Puh fort, „ist die, wo sie singen:

„Hoch soll er leben!
Der Bär, er lebe hoch!"

„Aber —"

„Ein Hoch für einen Bären!
Ein Hoch für einen Puh!"

„Aber sie singen doch —"

„Hoch! Der Bär, er lebe hoch!"

„Meine Lieblingsstelle", betonte er nochmals.

„Aber sie singen doch gar nicht ‚Hoch! Der Bär, er lebe hoch!' in der Ode *An die Freude* !" rief ich.

„Nicht?"

„Nein."

„Warum denn nicht?"

„Nun, vermutlich haben sie nicht daran *gedacht*."

„Sie haben *was*?"

„Weder Ludwig van Beethoven noch der Mann, der den Text

von *An die Freude* geschrieben hat, haben irgend etwas von Bären hineingebracht."

„Oh. Ich muß wohl an Ludwig van Bärhoven gedacht haben."

„Puh, es gibt keinen Ludwig van Bärhoven. Du hast das Lied selbst gemacht."

„Habe ich das?"

„Allerdings."

„Oh, also *da* habe ich es schon gehört", sagte er.

Wie dem auch sei, jedenfalls kommen wir dadurch auf das zurück, wovon wir hier gerade sprechen — sich des Lebens zu freuen und etwas Besonderes zu sein. Jeder ist nämlich etwas Besonderes, weißt du.

„Es ist schwer, tapfer zu sein, wenn man nur ein sehr kleines Tierchen ist", sagte Ferkel und schniefte ein wenig.

Kaninchen, das emsig zu schreiben angefangen hatte, blickte auf und meinte:

„Gerade weil du ein so kleines Tierchen bist, wirst du bei unserm nächsten Abenteuer sehr nützlich sein."

Ferkel geriet bei dem Gedanken, nützlich zu sein, so in Aufregung, daß es ganz vergaß, sich weiter zu fürchten, und als Kaninchen auch noch sagte, Kängas seien nur in den Wintermonaten wild, ansonsten aber von liebenswerter Gemütsart, konnte es kaum noch stillsitzen, so sehr war es darauf erpicht, sofort mit dem Nützlichsein anzufangen.

„Und was ist mit mir?" fragte Puh traurig. „*Ich* bin wohl nicht nützlich, oder?"

„Mach dir nichts draus, Puh", sagte Ferkel tröstend, „vielleicht ein andermal."

„Ohne Puh", erklärte Kaninchen feierlich und spitzte seinen Bleistift, „ohne Puh wäre das Abenteuer gar nicht möglich."

„Ach!" entfuhr es Ferkel, und es versuchte, nicht enttäuscht dreinzublicken. Puh aber marschierte in eine Zimmerecke und sagte stolz zu sich selbst: „Ohne mich gar nicht möglich. *So* ein Bär bin ich!"

Wie nützlich wir auch sein mögen, brauchen wir doch oft eine ganze Weile, bis wir unseren eigenen Wert erkennen. Das zeigt die chinesische Geschichte vom *Steinmetz*:

Es war einmal ein Steinmetz, der mit sich und seinem Leben unzufrieden war.

Eines Tages kam er am Hause eines wohlhabenden Kaufmanns vorbei und sah durch das offene Tor viele schöne Besitztümer und allerlei Gäste von Rang und Namen. „Wie mächtig dieser Kaufmann doch sein muß!" dachte der Steinmetz bei sich. Und er wurde ganz neidisch und wünschte, er wäre der Kaufmann. Dann brauchte er nicht länger als einfacher Steinmetz zu leben.

Da war er zu seiner großen Überraschung plötzlich der Kaufmann; er genoß mehr Luxus und Macht, als er sich jemals hätte träumen lassen, und nur die Armen beneideten oder verachteten ihn. Aber bald darauf wurde ein hoher Beamter in einer Sänfte vorbeigetragen, von Soldaten eskortiert, die Gongs anschlugen. Jeder, ob er auch noch so reich war, mußte sich vor dieser Prozession tief bücken. „Wie mächtig dieser Beamte doch ist!" dachte er bei sich. „Ich wünschte, *ich* wäre ein hoher Beamter!"

Da war er auch schon der hohe Beamte und wurde in seiner Sänfte überallhin getragen. Aber bei all den Leuten, die sich vor ihm bücken mußten, wenn er vorüberzog, war er gefürchtet und gehaßt. An einem heißen Sommertag fühlte sich der Beamte in seiner stickigen Sänfte sehr unbehaglich. Er blickte zur Sonne auf. Sie schien stolz vom Himmel herab und ließ sich von seiner Gegenwart überhaupt nicht beeindrucken. „Wie mächtig die Sonne doch ist", dachte er bei sich. „Ich wünschte, *ich* wäre die Sonne!"

Da war er auch schon die Sonne, brannte heiß auf jedermann herunter und versengte die Felder, und die Bauern und Arbeiter verfluchten ihn. Aber eine riesige schwarze Wolke schob sich zwischen ihn und die Erde, so daß sein Licht nicht mehr alles drunten bescheinen konnte. „Wie mächtig ist doch diese Sturmwolke", dachte er bei sich. „Ich wünschte, *ich* wäre eine Wolke!"

Da war er auch schon die Wolke, überflutete Felder und Dörfer mit Wolkenbrüchen und war bei jedermann verschrieen. Aber bald fühlte er sich von einer starken Kraft weggetrieben und merkte, daß es der Wind war. „Wie mächtig ist er doch", dachte er bei sich. „Ich wünschte, *ich* wäre der Wind!"

Da war er auch schon der Wind, blies Ziegel von den Hausdächern, entwurzelte Bäume, und alle drunten zitterten und bangten vor ihm. Doch nach einer Weile stürmte er gegen etwas an, das sich nicht rührte, wie heftig er auch dagegenblies — es war ein riesiger, hochaufragender Fels. „Wie mächtig ist doch dieser Fels", dachte er bei sich. „Ich wünschte, *ich* wäre ein Fels!"

Da war er auch schon der Fels und mächtiger als alles andere auf Erden. Aber als er so dastand, hörte er auf einmal den Klang eines Hammers, der einen Meißel in den harten Stein trieb, und fühlte, wie er sich veränderte. „Was könnte wohl mächtiger sein als ich, der Fels?" dachte er bei sich. Er schaute an sich herab und erblickte tief unter sich die Gestalt eines Steinmetzen.

Oh, da ist ja die Post. „Sieh mal an — hier ist etwas für dich, Puh."

„Für mich?" staunte Puh.

„Für Herrn Puh Bär."

„*Herrn* Puh Bär?"

„So steht es da."

„Herrn . . . Puh . . . Bär", stammelte Puh in ehrfürchtiger Scheu. „Was steht denn drin?" fragte er dann, kletterte auf den Schreibtisch und blickte mir über die Schulter.

„Es ist von einem Kaufhaus. ‚*An unsere Kunden: dritter Jahresausverkauf in Schuhen. Alle Arten, alle Größen.*' Puh, das brauchst du nicht."

„Was steht denn da unten?" wollte er wissen.

„‚Kaffee gratis.' Ein weiterer Grund, die Finger davonzulassen."

„Das will ich mir einmal genauer ansehen", sagte Puh und ging mit dem Prospekt ans Fenster.

Wenn wir unser Leben selbst in die Hand nehmen und etwas von bleibendem Wert schaffen wollen, müssen wir früher oder später lernen, Vertrauen zu fassen. Wir brauchen unsere Verantwortung nicht auf die Schultern irgendeiner verherrlichten Geistesgröße zu laden oder herumzusitzen und zu warten, bis das Schicksal an die Tür klopft. Wir brauchen einfach nur Vertrauen zu fassen zu der Kraft, die in uns steckt, und davon Gebrauch zu machen. Wenn wir das tun und aufhören, andere nachzuäffen oder mit ihnen zu wetteifern, kommen die Dinge ganz von selbst in Gang.

Nehmen wir uns ein paar Beispiele vor:

1927 stand ein 32 Jahre alter Mann am Ufer eines Teiches im Lincoln Park von Chicago und wollte sich in den dunklen Fluten ertränken. Seine Tochter war gestorben, seine Firma hatte bankrott gemacht, sein Ruf war ruiniert, und er selbst war auf dem besten Wege, Alkoholiker zu werden. Wie er nun so in den See blickte, fragte er sich, was ein kleiner Mann in seiner Lage wohl tun könnte. Und da schoß ihm die Antwort durch den Kopf: Jetzt war er ja ungebunden und konnte ruhig etwas riskieren, etwas aus eigener Kraft aufbauen und so andern Leuten helfen. Er kehrte nach Hause zurück und widmete sich von nun an einer Arbeit, zu der er sich von der Mitwelt berufen fühlte, statt nur das zu tun, was man ihn *gelehrt* hatte. Er achtete die Gesetze der natürlichen Welt und richtete seinen Lebensstil danach, so daß sich sein Leben mit der Zeit vollkommen veränderte. Diese Gesetze sollten ihn auch zu seinen größten Leistungen inspirieren und ihm weiterhelfen. Aber wenn er nicht so fest daran geglaubt und nicht sein Glück versucht hätte, wäre aus seinen Errungenschaften für die Menschheit nichts geworden, und niemand hätte je seinem Namen Beachtung geschenkt: Buckminster Fuller.

1854 wurde ein Junge als „Störenfried" von einer Schule in Port Huron, Michigan, entlassen, auf der er nur drei Monate gewesen war. Das war die einzige „amtliche" Erziehung, die er je in seinem Leben genoß. Später arbeitete er als Laborassistent. Als er das Labor in die Luft jagte, war es auch damit zu Ende. Sein Arbeitgeber packte ihn am Kragen und warf ihn mit den Worten auf die Straße, aus ihm würde nie etwas. Aber der junge Mann hatte einen Plan, und davon ließ er sich keinesweg durch einige kleinere Probleme abbringen. Er wollte lernen, wie sich die Naturgesetze auf die Mechanik anwenden lassen. Und schließlich wurde er der erfolgreichste Erfinder in der Geschichte Amerikas und hatte über 1300 nationale und internationale Patente auf seinen Namen angemeldet, auf einen Namen, der für geniale Lösungen steht: Thomas Edison.

Die Pessimisten dieser Welt, die immer auf Nummer Sicher gehen, bringen nichts Richtiges zustande, weil sie die Lage nicht klar und objektiv einschätzen, ihre eigenen Fähigkeiten weder erkennen noch ihnen vertrauen und weil sie sich nie zu außergewöhnlichen Leistungen aufraffen, sobald auch nur das kleinste Risiko zu bestehen ist. Als zum Beispiel Ruh bei der berühmten Expedition zum Nordpol in den Fluß fiel, was machte da der trübselige I-Ah? Erst nachdem Ruh schon lange von der Strömung fortgerissen worden war, hing I-Ah endlich halbherzig seinen Schwanz in das Wasser, damit Ruh sich daran festhalten und herausziehen konnte — oder genauer gesagt, damit I-Ah selbst sich mit seiner Rettungsaktion verdient machte. Natürlich glaubte er nicht recht, daß es etwas nützen würde, und natürlich nützte es auch nichts.

Und wer rettete Ruh? Das überängstliche Ferkel hüpfte auf und nieder und machte Geschrei. Komplikationsrat Eule empfahl Ruh, ihren Kopf über Wasser zu halten. Die besorgte Känga fragte, wie sie sich fühle. Und Oberanführer Kaninchen erteilte Befehle . . . Nur der positiv eingestellte Puh hatte die Situation erfaßt, überlegte, was zu machen sei, und probierte einfach etwas aus:

Unterhalb von Ruh, am zweiten Teich flußabwärts, stand er, mit einem langen Pfahl in den Pfoten, und Känga kam herbei und nahm ein Ende, und so hielten sie ihn zwischen sich über den unteren Rand des Teiches, bis Ruh, die noch immer stolz vor sich hin plapperte: „Seht nur, wie ich schwimme!" dagegen trieb und herauskletterte.

„Habt ihr mich schwimmen sehen?" quietschte Ruh aufgeregt, während Känga sie ausschalt und abrubbelte. „Puh, hast du mich schwimmen sehen? Was ich gemacht habe, nennt man Schwimmen, Kaninchen, hast du gesehen, was ich gemacht habe? Geschwimmt bin ich. Hallo, Ferkel! Hör doch, Ferkel! Was glaubst du, was ich gemacht habe? Geschwimmt bin ich! Christoph Robin, hast du mich —"

Aber Christoph Robin hörte nicht zu. Er starrte Puh an.

„Puh", sagte er, „wo hast du denn den *Pohl* gefunden?"

Puh besah sich den Pfahl in seinen Händen.

„Den habe ich eben gefunden", erklärte er. „Ich dachte, er müßte eigentlich brauchbar sein. Und dann habe ich ihn einfach aufgehoben."

„Puh", sagte Christoph Robin feierlich, „die Expedition ist vorbei. Du hast den Nordpohl gefunden!"

Sobald wir einmal die Situation erfaßt haben und sehen, was sich machen läßt, müssen wir wie Puh mit dem Nordpohl alles verwerten, was wir am Wege finden, um für alle Fälle gerüstet zu sein. Meistens ist das, was wir brauchen, schon da. Wir müssen nur Gebrauch davon machen.

Als zum Beispiel Ferkel bei der großen Überschwemmung gefangen saß . . .

„Es macht einen ein wenig bange", redete es mit sich, „so ein kleines Tierchen und ringsum von Wasser umgeben zu sein. Christoph Robin und Puh könnten sich durch Bäumeklettern davonmachen, und Känga könnte sich durch Springen davonmachen, und Kaninchen könnte sich durch Ganggraben davonmachen, und Eule könnte sich durch Fliegen davonmachen, und I-Ah könnte sich davonmachen durch — durch lautes Geschrei, bis er gerettet wird, nur ich sitze hier mitten im Wasser und kann überhaupt *nichts* machen . . ."

Dann kam ihm plötzlich wieder eine Geschichte in den Sinn, die ihm Christoph Robin erzählt hatte von einem Mann auf einer einsamen Insel, der etwas in eine Flasche geschrieben und sie ins Meer geworfen hatte; und Ferkel dachte, wenn es etwas in eine Flasche schreiben und sie ins Wasser werfen würde, käme vielleicht jemand und würde es retten!

Gedacht, getan.

Und als Ferkels Flasche an Puh vorbeischwamm, holte er die Nachricht heraus. Dann mußte er aber noch Christoph Robin aufsuchen, um herauszufinden, was *darinstand*.

Also verkorkte er seinen größten Honigtopf, warf ihn ins Wasser und sprang ihm nach. Und nach ein paar Proberunden

schwamm er auf seinem Boot zu Christoph Robins Haus, wo die Nachricht entziffert und auf Rettung gesonnen wurde. Dabei merkten die beiden, daß sie ein größeres Boot brauchten. Und Puh hatte eine Idee:

Und in einer aufregenden Hilfsaktion wurde Ferkel von niemand anderem gerettet als dem berühmten Puh Bär, dem Entdecker des Nordpohls.

„Sag mal, Eule, hast du Puh kürzlich gesehen?"

„Ich meinte ihn eigentlich erst vor einem Weilchen gesehen zu haben, wie er etwas in den Vorratsschrank stellte", erwiderte Eule.

„Ich habe der Sache allerdings nicht viel Beachtung geschenkt."

„In den Vorratsschrank? Nun, dann will ich mal eben nachsehen und —"

„Was gibt es denn?" fragte Eule.

„Eule, was machen bloß all diese Kartons hier?"

„Kartons?" wiederholte Eule.

„Sieh dir das an. Mokassins, Größe 8 ½. Sandalen, Größe 10. Halbschuhe, Größe 12 ½ . . ."

„Jede Art, jede Größe", bemerkte Eule.

„Eule, ich bin mir zwar nicht absolut sicher, aber mir schwant etwas."

„Es hat den Anschein, als sei *Puh* der Missetäter", meinte Eule weise.

„Wenn du ihn siehst, würdest du ihm dann wohl ausrichten, daß ich mit ihm reden will, Eule?"

„Aber gewiß doch."

Die beiden eben erwähnten kühnen Rettungsaktionen bringen uns auf einen der wichtigsten Begriffe im Taoismus: *Tz'u*, was soviel heißt wie „Liebe" oder „Weichherzigkeit". *Tz'u* basiert auf dem Zeichen für *Herz*. Im 67. Kapitel des *Tao Te King* nennt Lao-tse es den „ersten Schatz" und schreibt: „Durch Liebe kann man mutig sein." Wir wollen noch hinzufügen, daß man dadurch auch weise sein kann. Bezeichnenderweise besitzen diejenigen, die nicht weichherzig sind, auch keine Weisheit. Wissen: ja. Klugheit: vielleicht. Weisheit: nein. Ein kluger Kopf ersetzt kein Herz. Aus Klugheit erwächst nicht unbedingt Liebe, aus Weisheit aber doch. Aufschlußreich ist auch, daß *cor*, das lateinische Wort für „Herz", den Stamm zum Wort *Courage* bildet. Ferkel hat das so ausgedrückt: „Känga ist nicht klug, wahrhaftig nicht, aber sie macht sich solche Sorgen um Ruh, daß sie, ohne nachzudenken, genau das Richtige täte." *Tz'u* hat nicht nur Ruh gerettet, den Nordpohl entdeckt und

Ferkel erlöst; es hat Ferkel auch die Courage gegeben, Hilfe für Puh und Eule zu holen, als Eules Haus umgeblasen war.

Nun ist Ferkel ja, wie wir wissen, ein sehr kleines Tierchen und obendrein nicht gerade das mutigste. Aber als Eules Haus umfiel, merkte Ferkel, daß es mehr Mut hatte, als es je *geglaubt* hätte.

„Grüß dich, Eule", sagte Puh. „Ich hoffe, wir kommen nicht zu spät zum — ich meine, wie geht es dir, Eule? Ferkel und ich sind nur vorbeigekommen, um zu sehen, wie es dir geht, weil nämlich Donnerstag ist."

„Setz dich, Puh, setz dich, Ferkel", forderte sie Eule freundlich auf. „Macht es euch bequem."

Sie dankten ihr und machten es sich so gemütlich, wie es ging.

„Weißt du, Eule", fuhr Puh dann fort, „weil wir uns nämlich beeilt haben, um noch zurecht zu kommen für — für einen Besuch bei dir, bevor wir wieder gehen."

Eule nickte ernst.

„Korrigiert mich, falls ich mich irren sollte", sprach sie, „aber gehe ich recht in der Annahme, daß es ein *sehr* stürmischer Tag draußen ist?"

„Sehr stürmisch", sagte Ferkel, das sich still seine Ohren warmgerieben hatte und wünschte, es wäre sicher wieder in seinem eigenen Haus zurück.

„Ich dachte es mir", meinte Eule. „Es war an genau so einem stürmischen Tag wie diesem, daß mein Onkel Robert, dessen Bildnis du dort an der Wand zu deiner Rechten siehst, Ferkel, als er am späten Vormittag zurückkehrte von einem — was ist denn das?"

Ein lautes Krachen ertönte.

„Aufgepaßt!" schrie Puh. „Gebt acht auf die Uhr! Aus dem Weg, Ferkel! Ferkel, gleich lande ich auf dir!"

„Hilfe", zeterte Ferkel . . .

„Puh", sagte Ferkel ängstlich.

„Ja?" erwiderte einer der Stühle.

„Wo sind wir bloß?"

„Ich bin nicht ganz sicher", sagte der Stuhl.

„Sind wir — sind wir in Eules Haus?"

„Ich glaube schon, denn wir wollten gerade Tee trinken, und bis jetzt haben wir noch nichts bekommen."

„Ach", wunderte sich Ferkel, „aber hat denn Eule *immer* einen Briefkasten an der Zimmerdecke gehabt?"

Nun, nachdem der Lehnstuhl von Puh gezogen worden war und er sich umgesehen hatte, rückte er mit einem Plan heraus. Eule sollte mit einem Stück Schnur zum Briefkasten hinauf fliegen, die Schnur durch den Drahtkorb fädeln und wieder damit herabfliegen. Dann sollte Ferkel sich an dem einen Ende der Schnur festhalten, während Puh und Eule an dem andern Ende zogen . . .

„Und dann ist Ferkel oben", sagte Eule, „falls die Schnur nicht reißt."

„Aber angenommen, sie reißt?" wollte Ferkel wissen.

„Dann versuchen wir es mit einem neuen Stück Schnur."

Das war nicht gerade beruhigend für Ferkel, denn wie viele Stücke Schnur sie auch ausprobieren würden, um es hochzuziehen, wäre es doch immer dasselbe Ferkel, das herunterfiele; aber anscheinend war es die einzige Möglichkeit. Und so rief es sich noch ein letztes Mal all die glücklichen Stunden ins Gedächtnis zurück, die es im Wald verbracht hatte, *ohne* an einem Stück Schnur zur Zimmerdecke hochgezogen zu werden, nickte dann Puh tapfer zu und sagte, es sei ein sehr kluger P-pap-pap-pap, kluger Plap-plap Plan.

Und schließlich . . .

Und es quetschte und es quatschte, und mit einem letzten Quietsch war es dann endlich draußen. Aufgeregt und glücklich wandte es sich noch einmal um und quiekte den Gefangenen eine letzte Nachricht zu.

„Alles in Ordnung", rief es durch den Briefkasten. „Dein Baum ist ganz und gar umgeblasen worden, Eule, und ein Ast geht über die Tür weg, aber den können Christoph Robin und ich schon fortdrücken, und wir werden ein Seil für Puh mitbringen, und ich geh' jetzt und erzähl' es ihm, und ich kann ziemlich leicht hinunterklettern, ich meine, es ist zwar gefährlich, aber ich werde es schon schaffen, und Christoph Robin und ich sind in etwa einer halben Stunde zurück. Auf Wiedersehn, Puh!" Und fort war es, ohne noch Puhs „Auf Wiedersehn und vielen Dank, Ferkel!" abzuwarten.

„Eine halbe Stunde", murmelte Eule und machte es sich bequem. „Da habe ich eben noch genug Zeit, die Geschichte zu beenden, die ich gerade zu erzählen begonnen hatte über meinen Onkel Robert — dessen Bildnis du dort unter dir siehst. Wo war ich stehengeblieben? Ach ja. Es war an genauso einem stürmischen Tag wie diesem, daß mein Onkel Robert —"

„Eule hat mir gesagt, du wolltest mit mir reden", sagte Puh.

„Richtig, Puh. Was machen die Schuhkartons im Vorratsschrank?"

„Ich konnte nichts dafür", rechtfertigte sich Puh.

„Wieso?"

„Na ja, zuerst kam diese Karte an *Herrn* Puh Bär. Dann, als ich zu dem Laden hinging, um mich nur einmal umzugucken . . ."

„Was dann?"

„Da war der Verkäufer *so nett* zu mir. ‚Kann ich Ihnen behilflich sein, mein Herr?' fragte er. Ich kam mir richtig wichtig vor."

„Aber Puh, du *brauchst* diese Schuhe doch gar nicht", sagte ich.

„Ich bringe sie zurück", gelobte Puh.

„Schon besser."

„Eine Menge Leute bringen Sachen zurück, nehme ich an."

„Warum?"

„Ich habe viele Leute dort Sachen kaufen sehen, die sie überhaupt nicht brauchen. Überall im Laden."

„Gut möglich", bemerkte ich.

„Ich war nicht der einzige", fuhr er fort.

„Natürlich nicht, Puh. Es gibt viele Leute, die versuchen sich auf diese Weise Glück und Ansehen zu kaufen. Aber *du* kannst doch ohne sowas glücklich und angesehen sein!"

„Sie auch", sagte Puh.

Das ist allerdings wahr. Jeder kann das. Ungeachtet dessen, was I-Ah einmal gesagt hat, *können* wir uns wirklich alle unseres Lebens freuen und sinnvollen Gebrauch machen von dem, was wir sind und was wir haben; nur *tun* wir das nicht alle.

Ein weiser Beobachter schrieb einmal vor Jahren, als er gerade rundum zufrieden am Ufer von Walden Pond saß: „Die Masse Mensch führt ein Leben in stiller Verzweiflung." *Damals* mag die Verzweiflung ja still gewesen sein. Jetzt ist sie ohrenbetäubend. Aber wir brauchen uns ihr nicht hinzugeben. Lassen wir doch einfach davon ab, uns an ein schales Ersatzleben zu klammern — machen wir uns frei. Ein Schritt in die richtige Richtung, und schon sind wir auf dem Weg.

Damit kommen wir zum Tiddeldidum-Prinzip, das aus einem Lied von Puh stammt:

Schneit es heiter,
(tiddeldidum),
geht es weiter,
(tiddeldidum),
geht es weiter
(tiddeldidum)
mit Schneien.

Das nennt man auch den Schneeballeffekt, und es erinnert dich vielleicht an die Zeit, wo du einen kleinen Schneeball gerollt hast, der größer und größer wurde, bis er schließlich so groß war, daß du ihn nicht mehr anhalten konntest und er den ganzen Hügel hinunterrollte und das Auto des Nachbarn plattwalzte, und dann sprachen alle Leute von dem riesigen Schneeball, über den *du* die Kontrolle verloren hattest . . . und da ist es doch wohl einleuchtend, daß wir in diesem Zusammenhang lieber vom Tiddeldidum-Prinzip reden.

Nun kann sich dieses Prinzip negativ oder positiv auswirken. Es kann sowohl zur Menschenverachtung führen als auch Hoffnung wecken. Es kann jemanden zum hartgesottenen Verbrecher machen oder zum kühnen Helden, zum dummen Banausen oder klugen Kopf. Wichtig ist, daß man es zu seinem eigenen Besten und zum Wohle anderer wirken läßt, denn sonst muß man die bösen Folgen tragen.

Wer sich an das Tiddeldidum-Prinzip hält, bezeigt Achtung und wird dadurch selbst geachtet. Schneit es heiter, geht es weiter:

> Also summte Puh ihm das Lied vor, alle sieben Strophen, und Ferkel sagte keinen Ton, sondern stand nur da und strahlte. Nie zuvor hatte jemand ein Hoch auf Ferkel (FERKEL!) ausgebracht, ein Hoch nur ihm zu Ehren. Als es vorüber war, hätte es gern eine Strophe noch einmal gehört, mochte aber nicht so recht fragen. Das war die Strophe:
>
> *O ritterliches FERKEL! Hoch!*
> *Bist du erbleicht? Bist du erblichen?*
> *Nicht einen Zoll bist du gewichen . . .*
>
> „O ritterliches Ferkel!" schien ihm ein besonders gelungener Anfang für eine Gedichtstrophe zu sein.
>
> „Habe ich wirklich all das getan?" fragte es schließlich.
>
> „Nun ja", erwiderte Puh, „beim Dichten — hier in diesem Gedicht — ja, du *hast* das alles getan, Ferkel, weil es ja in dem Gedicht steht. Und dadurch erfahren es die Leute."
>
> „Ach", sagte Ferkel, „weil ich — ich dachte nämlich, ich wäre doch ein wenig erblichen. Aber nur zuerst. Und es heißt doch: ‚Bist du erblichen?' Deshalb."
>
> „Du bist nur inwendig erblichen", erklärte Puh, „und das ist für ein sehr kleines Tierchen das Tapferste überhaupt, was es tun kann."

Ferkel seufzte glücklich und fing an, über sich nachzudenken. Es war TAPFER . . .

Und so kam es später, als Esel I-Ah nichtsahnend ein neues Haus entdeckte, in das Eule einziehen sollte, und es sich als *Ferkels* Haus herausstellte, daß . . .

„Genau das richtige Haus für Eule. Meinst du nicht auch, Ferkelchen?"

Und da tat Ferkel eine edle Tat, und es tat sie wie im Traum und dachte dabei an all die wundervollen Worte, mit denen Puh es besungen hatte.

„Ja, das ist genau das richtige Haus für Eule", sagte es mit Würde, „und ich hoffe, sie wird darin sehr glücklich." Und dann schluckte es zweimal, weil es ja selbst so glücklich darin gewesen war.

„Was meinst *du* denn dazu, Christoph Robin?" fragte I-Ah nun mit leichter Besorgnis in der Stimme, denn er spürte, daß etwas nicht ganz in Ordnung war.

Aber Christoph Robin mußte erst einmal einen Punkt klären, und er fragte sich, wie er das wohl fertigbringen konnte.

„Nun ja", begann er schließlich, „das ist ein sehr schönes Haus, und wenn einem sein eigenes Haus umgeblasen wird, *muß* man wohl oder übel woandershin ziehen, nicht wahr, Ferkel? Was würdest *du* denn machen, wenn *dein* Haus umgeblasen worden wäre?"

Noch bevor Ferkel Zeit zum Überlegen hatte, antwortete Puh an seiner Stelle.

„Es würde zu mir kommen und bei mir wohnen", sagte Puh, „nicht wahr, Ferkel?"

Ferkel drückte ihm die Pfote.

„Vielen Dank, Puh", sagte es, „nur zu gern."

Willst du richtig glücklich sein? Dann fang damit an, dich deiner selbst und deiner Möglichkeiten würdig zu erweisen. Willst du richtig unglücklich sein? Dann brauchst du fürs erste nur unzufrieden zu sein. Lao-tse schreibt: „Ein Baum, dessen Stamm du kaum umfassen kannst, fängt mit einem Samenkorn an; auch eine Reise von tausend Meilen beginnt mit einem Schritt." Weisheit, Glück und Mut warten nicht irgendwo auf gerader Strecke in unergründlicher Ferne. Vielmehr sind sie Teil eines unaufhörlichen Kreislaufes, der hier und jetzt beginnt. Sie sind darin sowohl Anfang als auch Ende. Schneit es heiter, geht es weiter.

Chuang-tse sagt dazu folgendes:

> Es ist weithin bekannt, daß der Geistesmut eines einzigen Mannes einem tausendköpfigen Heer zum Sieg verhelfen kann. Wenn jemand, der doch nach ganz normalen Verdiensten strebt, eine solche Wirkung zu zeitigen vermag, wieviel mehr kann derjenige ausrichten, der nach höheren Zielen trachtet!

(Beifall.) Ein Hoch! Auf das ritterliche Ferkel und den furchtlosen Puh —

Hoch soll es leben!
Ein Hoch für Ferkel, Hoch!

und

Ein Hoch für einen Bären!
Ein Hoch für einen Puh!
Hoch soll er leben!
Der Bär, er lebe hoch!

Als sie alle ziemlich satt waren, klopfte Christoph Robin mit seinem Löffel auf den Tisch, und alle hörten auf zu reden und waren still, außer Ruh, die gerade einen Schluckauf hatte und so dreinzuschauen versuchte, als kämen die Gluckser von einem Verwandten Kaninchens.

„Dieses Fest", begann Christoph Robin, „ist deshalb ein Fest, weil jemand etwas getan hat, und wir alle wissen, wer das war, und es ist *deshalb* sein Fest, weil er etwas getan hat, und ich habe ein Geschenk für ihn — hier ist es." Dann tastete er ein wenig herum und flüsterte: „Wo ist es denn?"

Während er noch suchte, hüstelte I-Ah höchst eindrucksvoll und fing daraufhin zu reden an:

„Freunde", sprach er, „alles Kleinvolk mit eingeschlossen, es ist mir eine große Freude, oder vielleicht sollte ich lieber sagen, es ist mir bis jetzt eine große Freude gewesen, euch auf meinem Fest begrüßen zu dürfen. Was ich getan habe, war nicht der Rede wert. Jeder von euch — mit Ausnahme von Kaninchen und Eule und Känga — hätte das gleiche getan. Oh, und Puh. Meine Ausführungen gelten natürlich auch nicht für Ferkel und Ruh, weil sie zu klein sind. Jeder von euch hätte das gleiche getan, aber zufällig war ich es eben. Ich brauche wohl kaum zu erwähnen, daß nicht etwa der Gedanke an das, was Christoph Robin gerade sucht, für mich ausschlaggebend gewesen wäre" — und jetzt hielt er sein Vorderbein vor das Maul und flüsterte vernehmlich: „Versuch's doch mal unter dem Tisch!" — „sondern weil ich meine, daß wir alle helfen sollten, wie wir nur können. Ich meine, wir alle sollten —"

Ja, ja, ja. . . . Blablabla . . .

„Hier ist es!" rief Christoph Robin aufgeregt. „Gebt es mal weiter an den dummen alten Puh! Es ist für Puh."

„Für Puh?" sagte I-Ah.

Natürlich ist es für Puh. Weil er *so* ein Bär ist.

„Aber was ist denn an *Puh* bloß so besonders?" fragte I-Ah entrüstet.

„Nun, I-Ah, wenn du das nächste Kapitel liest, findest du es vielleicht heraus", erwiderte ich.

„Wenn's denn *sein* muß", sagte I-Ah.

Nichts und Nirgendwo

„Wohin gehen wir eigentlich?" fragte Puh, der hinter ihm hereilte und sich wunderte, ob das nun eine Forschungsreise oder ein Was-soll-ich-wohl-mit-du-weißt-schon-was werden würde.

„Nirgendwohin", sagte Christoph Robin.

Also gingen sie dahin los, und als sie ein kleines Stück gelaufen waren, fragte Christoph Robin:

„Was machst du am allerliebsten von der Welt, Puh?"

(Und was Puh am allerliebsten tat, war natürlich Christoph Robin zu Hause zu besuchen und zu essen, aber da wir das ja bereits erwähnt haben, brauchen wir es wohl hier nicht zu wiederholen.)

„Das mag ich auch gern", sagte Christoph Robin, „aber was ich am *liebsten* tue, ist nichts."

„Wie tut man denn nichts?" fragte Puh schließlich, nachdem er lange darüber nachgedacht hatte.

„Na ja, das geht so, wenn du es nämlich gerade tun willst und die Leute dir zurufen: ‚Was machst du, Christoph Robin?' und du sagst: ‚Ach, nichts' und gehst dann hin und tust es."

„Ach so", sagte Puh.

„Und genau das machen wir gerade, Nichtstun."

„Ach so", sagte Puh wieder.

„Es bedeutet, daß man einfach dahinschlendert, auf alles horcht, was man nicht hören kann, und sich um nichts bekümmert."

Chuang-tse schreibt darüber:*

> Erkenntnis wanderte im Norden an den Ufern des dunklen Wassers und bestieg den Berg des steilen Geheimnisses. Da begegnete sie von ungefähr dem schweigenden Nichtstun.
>
> Erkenntnis redete das schweigende Nichtstun an und sprach: „Ich möchte eine Frage an dich richten. Was muß man sinnen, was denken, um den SINN zu erkennen? Was muß man tun und was lassen, um im SINNE zu ruhen? Welche Straße muß man wandern, um den SINN zu erlangen?"
>
> Dreimal fragte sie, und das schweigende Nichtstun antwortete nicht.
>
> Erkenntnis kam im Süden an das weiße Wasser und bestieg den Berg der Zweifels-Endung. Da erblickte sie Willkür. Erkenntnis stellte dieselben Fragen an Willkür.
>
> Willkür sprach: „Oh, ich weiß es; ich will es dir sagen." Aber während sie eben reden wollte, hatte sie vergessen, was sie reden wollte.
>
> Erkenntnis kehrte zurück zum Schloß des Herrn, trat vor den Herrn der gelben Erde und fragte ihn.
>
> Der Herr der gelben Erde sprach: „Nichts sinnen, nichts denken: so erkennst du den SINN; nichts tun und nichts lassen: so ruhst du im SINN; keine Straße wandern: so erlangst du den SINN."

Was Chuang-tse, Christoph Robin und Puh beschreiben, ist das große Geheimnis, das der Weisheit, dem Glück und der Wahrheit die Tore öffnet. Und was ist dieses magische, mysteriöse Etwas? Nichts. Für den Taoisten ist nichts *etwas*, während das — oder zumindest vieles von dem —, was die meisten für wichtig halten, im

* Dieses Zitat und die beiden folgenden Chuang-tse-Zitate frei nach der Übersetzung von R. Wilhelm, Diederichs Verlag, Köln 1974.

Grunde *gar nichts* ist. Damit das etwas klarer wird, wollen wir versuchen, wenigstens annähernd eine Vorstellung davon zu geben, was die Taoisten *T'ai Hsü* nennen, das „Große Nichts".

Beginnen wir mit einer Schilderung aus den Schriften von Chuang-tse:

> Der Herr der gelben Erde wandelte jenseits der Grenzen der Welt. Da kam er auf einen sehr hohen Berg und schaute den Kreislauf der Wiederkehr. Da verlor er seine Zauberperle. Er sandte Erkenntnis aus, sie zu suchen, und bekam sie nicht wieder. Er sandte Scharfblick aus, sie zu suchen, und bekam sie nicht wieder. Er sandte Denken aus, sie zu suchen, und bekam sie nicht wieder. Da sandte er Selbstvergessen aus. Selbstvergessen fand sie.

Als I-Ah seinen Schwanz verloren hatte, wer fand ihn wieder? KaninchenSchlau? Nein. Das war vollauf damit beschäftigt, schlaue Sachen zu machen. Gelehrte Eule? Nein. Sie erkannte ihn nicht einmal, als er ihr vor Augen kam. Besserwisser I-Ah? Nein. Der hatte gar nicht gemerkt, daß der Schwanz fehlte, bis Puh es ihm sagte. Und selbst dann dauerte es noch ziemlich lange, bis man ihn davon überzeugt hatte, daß er wirklich weg war.

Dann ging Puh auf die Suche. Zuerst machte er an Eules Haus halt, und Eule ließ sich des langen und breiten darüber aus, wie man zur

Tat schreiten und eine Belohnung aussetzen müsse, was beinhalte, daß eine . . . (gähn) . . . Bekanntmachung geschrieben und angebracht würde . . . (GÄHN) . . . überall im . . . (hmm). Ach ja — wo waren wir stehengeblieben? Überall im Wald. Und dann gingen sie hinaus . . .

> Puh sah sich den Türklopfer und den Zettel darunter an, dann sah er sich die Klingelschnur und den Zettel darunter an, und je mehr er die Klingelschnur ansah, um so mehr hatte er das Gefühl, als habe er irgend etwas Ähnliches irgendwo anders irgendwann früher schon einmal gesehen.
>
> „Eine hübsche Klingelschnur, nicht wahr?" meinte Eule.
>
> Puh nickte.
>
> „Sie erinnert mich an irgend etwas", bemerkte er, „aber mir fällt nicht ein, an was. Wo hast du sie her?"
>
> „Ich bin im Wald darauf gestoßen. Sie hing über einen Busch, und zuerst dachte ich, jemand würde dort wohnen, also zog ich daran, aber nichts geschah, und dann zog ich noch einmal sehr fest daran, und da hatte ich sie in der Hand, und weil offenbar niemand darauf Wert legte, habe ich sie mit nach Hause genommen, und —"

Aha. Puh brachte also I-Ah den Schwanz zurück, und als der wieder an seinem Platz war, fühlte I-Ah sich viel wohler.

Für eine Weile jedenfalls.

Diese selbstvergessene Leere ist anscheinend sehr nützlich zum Auffinden von Perlen und Schwänzen und derlei, denn sie öffnet die Augen für das, was vor einem liegt. Wer hingegen den Kopf mit andern Dingen voll hat, ist dazu nicht fähig. Während einer innerlich *leer* und selbstvergessen dem Gesang eines Vogels lauscht, fragt der mit Gedanken und Wissen Vollgestopfte nur, *was* für ein Vogel

da wohl singt. Je mehr man im Kopf hat, desto weniger hört man mit eigenen Ohren und sieht man mit eigenen Augen. Wißbegier und Klugheit beschäftigen sich meist mit den falschen Sachen, und wem der Kopf vor Informationen, klugen Gedanken und abstrakten Vorstellungen schwirrt, der jagt leicht hinter Dingen her, die nichts bedeuten oder gar nicht existieren, statt das zu erkennen, zu schätzen und zu gebrauchen, was genau vor ihm liegt.

Nehmen wir die Leere ganz allgemein einmal unter die Lupe. Wodurch wirkt ein taoistisches Gemälde so erfrischend auf die unterschiedlichsten Leute? Durch die Leere, den Raum, der nicht ausgefüllt ist. Wodurch wirken frischer Schnee, reine Luft und klares Wasser? Oder schöne Musik? Claude Debussy hat einmal gesagt: „Musik ist der Raum zwischen den Noten."

„Huuh, *Ba*by! Oooaiih, *BABY*! (Bäng bäng bäng.) Baby, don't *leave* me! (Bäng bäng zosch bäng!) Baby, don't *LEAVE* me!" (Klick.) Wie die Stille nach dem Lärm oder kühles, klares Wasser an einem staubigen, schwülen Tag, so reinigt die Leere den Geist von Unrat und lädt die Batterien wieder mit neuen Kräften auf.

Viele Leute fürchten sich vor der Leere, weil sie ihnen wie die Einsamkeit vorkommt. Alles muß irgendwie ausgefüllt werden — Terminkalender, Berghänge, unbebaute Grundstücke — aber erst wenn alles ausgefüllt ist, kommt *wirklich* die Einsamkeit. Dann schließt man sich Gruppen an, schreibt sich für Kurse ein und macht sich Gönn-dir-was-Geschenke. Wenn die Einsamkeit zur Tür hereinschleicht, wird der Fernsehapparat angedreht, um sie zu vertreiben, aber sie geht doch nicht. Deshalb verlassen manche von *uns* den Schauplatz, und wenn wir die Leere dieses Riesenhaufens Unrat erst einmal losgeworden sind, erleben wir die Fülle des Nichts.

Ein besonders schönes Beispiel für den Wert des Nichts ist eine Begebenheit aus dem Leben des japanischen Kaisers Hirohito. Kaiser in einem so streng konfuzianisch durchorganisierten Land zu sein ist nicht unbedingt sehr *erbaulich.* Vom frühen Morgen bis in die späte Nacht hinein ist praktisch jede Minute der kaiserlichen Zeit mit Treffen, Audienzen, Reisen, Besichtigungen und dergleichen ausgefüllt. Durch einen dermaßen eng mit Terminen gepflasterten Tag, dem gegenüber eine Felswand geradezu durchlässig erscheinen würde, muß der Kaiser hindurchgleiten wie ein Segelschiff in einer stetigen Brise.

Mitten an einem besonders hektischen Tag wurde der Kaiser einmal zu irgendeiner Veranstaltung in einer Versammlungshalle gerufen. Aber als er dort ankam, war niemand da. Der Kaiser schritt in die Mitte der großen Halle, stand einen Augenblick schweigend da und verneigte sich dann vor dem leeren Raum. Daraufhin wandte er sich mit lächelndem Gesicht an seine Begleiter. „Wir müssen mehr solche Veranstaltungen einplanen", sagte er. „Seit langem hat mir nichts soviel Freude gemacht!"

Im 48. Kapitel des *Tao Te King* schreibt Lao-tse: „Wer das Lernen übt, vermehrt täglich. Wer den SINN übt, vermindert täglich." Chuang-tse beschreibt dieses Prinzip auf seine humorvolle Art so:

Yen Hui sprach: „Ich bin vorangekommen."

Der Meister sprach: „Was meinst du damit?"

Er sagte: „Ich habe Güte und Gerechtigkeit vergessen."

Der Meister sprach: „Das geht an, doch ist's noch nicht das Höchste."

An einem andern Tag trat er wieder vor ihn hin und sprach: „Ich bin vorangekommen."

Der Meister sprach: „Was meinst du damit?"

Er sprach: „Ich habe Umgangsformen und Musik vergessen."

Der Meister sprach: „Das geht an, doch ist's noch nicht das Höchste."

An einem andern Tag trat er wieder vor ihn und sprach: „Ich bin vorangekommen."

Der Meister sprach: „Was meinst du damit?"

Er sagte: „Ich bin zur Ruhe gekommen und habe alles vergessen."

Der Meister sprach bewegt: „Was meinst du damit, daß du zur Ruhe gekommen bist und alles vergessen hast?"

Yen Hui sprach: „Ich habe meinen Leib dahinten gelassen, ich habe abgetan meine Erkenntnis. Fern vom Leib und frei vom Wissen bin ich eins geworden mit dem, das alles durchdringt. Das meine ich damit, daß ich zur Ruhe gekommen bin und alles vergessen habe."

Der Meister sprach: „Wenn du diese Einheit erreicht hast, so bist du frei von allem Begehren; wenn du dich so gewandelt hast, so bist du frei von allen Gesetzen und bist weit besser als ich, und ich bitte nur, daß ich dir nachfolgen darf."

Erkenntnisse sammeln, analysieren, einordnen und speichern — diese und andere Funktionen kann der Geist so automatisch, gekonnt und mühelos ausüben, daß der komplizierteste Computer dagegen nur ein Plastikspielzeug ist. Aber er kann noch unendlich viel mehr. Den Verstand so zu gebrauchen, wie er gemeinhin nur zu gern gebraucht wird, und für das, wofür er normalerweise gebraucht wird, ist genauso unsinnig und unangebracht, wie mit einem Zauberschwert eine Büchse Bohnen zu öffnen. Die Kraft, die aus der Klarheit des Geistes kommt, ist mit Worten nicht zu beschreiben. Aber wer das Nichts in seinem Wert begreift und sich zunutze macht, der kann sie auch erlangen.

Nehmen wir einmal an, du hast eine Idee — oder, wie Puh es genauer ausdrücken würde, dir kommt eine Idee. *Woher* kommt sie? Kommt sie von diesem, und dieses kommt von jenem? Wenn du sie bis zu ihrem Entstehungspunkt zurückverfolgen kannst, merkst du, daß sie aus dem Nichts kommt. Und aller Wahrscheinlichkeit nach kommt sie um so direkter daher, je großartiger sie ist. „Ein Geniestreich! Nie dagewesen! Ein revolutionärer Gedanke!" Praktisch jeder hat schon einmal so eine Idee gehabt, vermutlich nach einem tiefen Schlaf, der dich so klar und so leer gemacht hat, daß aus dieser Fülle von Nichts plötzlich eine Idee aufblitzt. Wir müssen aber nicht unbedingt ein paar Stunden schlafen, damit das geschieht. Wir brauchen nur wach zu sein — *vollkommen* wach. Und das ist ein ganz natürlicher Vorgang.

Er fängt in unserer Kindheit an. Als Kinder sind wir zwar hilflos, uns jedoch der Dinge um uns herum bewußt und freuen uns daran. Dann, als Jugendliche, sind wir zwar immer noch unselbständig, versuchen aber, wenigstens unabhängig zu *erscheinen*. Und schließlich lassen wir auch diese Entwicklungsstufe hinter uns und werden erwachsen — selbstbewußte Persönlichkeiten mit der Fähigkeit und Reife, andern zu helfen, wie wir uns selbst zu helfen gelernt haben.

Aber Erwachsensein ist nicht die höchste Stufe der Entwicklung. Am Ende des Kreislaufes steht wieder das Kindsein in völliger Selbständigkeit, mit innerer Klarheit und sehendem Blick. Das ist die Stufe der Weisheit. Im *Tao Te King* und andern Büchern der Weisheit heißt es: „Kehre zum Anfang zurück; werde wieder wie ein Kind." — Genau das ist gemeint. Warum wirken die *Erleuchteten* so hell und glückselig wie Kinder? Warum sehen sie manchmal sogar aus wie Kinder und reden auch so? Weil sie so sind. Die Weisen sind wissende Kinder. Ihr Geist ist leer geworden von den unzähligen Nichtigkeiten törichter Gelehrsamkeit und angefüllt mit der Weisheit des Großen Nichts, des alldurchdringenden SINNES.

Sie gingen weiter und dachten an dies und das, und so kamen sie endlich an eine verzauberte Stelle ganz oben im Wald, die „Koggenbusch" hieß, weil dort über sechzig Bäume im Kreis herum standen; und Christoph Robin wußte, daß sie verzaubert war, denn niemand hatte bisher zählen können, ob es dreiundsechzig oder vierundsechzig waren, selbst dann nicht, wenn er gleich nach dem Zählen um jeden Baum eine Schnur band. Da es sich um einen verzauberten Platz handelte, war der Erdboden nicht, wie sonst der Waldboden, mit Stechginster, Farnkraut und Heide bedeckt, sondern dicht mit Gras bewachsen, still und weich und grün . . . Wenn sie da saßen, konnten sie die ganze Welt vor sich ausgebreitet sehen bis dahin, wo sie den Himmel berührte, und alles auf der Welt war mit ihnen im Koggenbusch.

Hier, am verzauberten Ort auf der Waldeshöhe, enden die Puh-Bücher. Wir können aber jederzeit dorthin. Es ist nicht weit von hier; es ist auch nicht schwer zu finden. Nimm einfach den Weg zum Nichts und geh nach Nirgendwo, bis du ankommst. Denn der verzauberte Ort ist genau da, wo du gerade bist, und wenn du mit Bären gut Freund bist, kannst du ihn leicht finden.

Puh — was nu?

In der Morgensonne, in der Abenddämmerung streift ein kleiner Bär durch einen Wald. Warum sind wir ihm bloß gefolgt, als wir noch soviel jünger waren? Schließlich ist er nur ein kleiner Bär mit wenig Verstand. Aber ist Verstand denn so wichtig? Ist es wirklich der Verstand, der uns dahin bringt, wohin wir müssen? Oder ist es nicht allzuoft gerade der Verstand, der uns auf den Irrweg schickt, so daß wir dem Echo des Windes in den Baumwipfeln nachgehen, das wir für wirklich halten, statt auf die Stimme in unserm Innern zu hören, die uns sagt, wo es langgeht?

Mit dem Kopf kann man alle möglichen Sachen machen, aber diese Sachen sind nicht *das*, worauf es ankommt. Abstraktes Denken trennt den Denker nur von der wirklichen Welt, und diese Welt, der wirkliche Wald um uns herum, ist jetzt in einem schrecklichen Zustand, weil zu viele zuviel denken und zuwenig Mitgefühl zeigen. Ganz ungeachtet dessen, was sich viele Verstandesmenschen ausdenken, bis sie es selber glauben, kann es so nicht viel länger weitergehen, wenn die Welt überleben soll. Unsere einzige Chance, die sichere Katastrophe noch abzuwenden, besteht darin, unsere Einstellung zu ändern und Weisheit und Zufriedenheit schätzen zu lernen. Danach wird überall gesucht, mit Wissensdurst und Klugheit, aber durch Wissen und Klugheit sind sie nicht zu erlangen. Nie und nimmer. Und wir können es uns nicht mehr leisten, unter verzweifelten Anstrengungen in der falschen Richtung und am falschen Platz zu suchen. Wenn Wissen und Klugheit sich weiterhin so verderblich auswirken dürfen, werden sie über kurz oder lang alles uns bekannte Leben auf der Erde ausgelöscht haben, und das bißchen, was vielleicht doch eine Zeitlang überlebt, wird wohl kaum einen Blick wert sein, wenn überhaupt noch jemand da ist, der einen Blick darauf werfen könnte.

Die Meister des Lebens kennen den Weg, denn sie hören auf ihre innere Stimme, die Stimme der Weisheit und Einfalt, die Stimme der Vernunft jenseits aller Klugheit, die Stimme der Gewißheit jenseits allen Wissens. Diese Stimme ist nicht etwa Privileg und Besitz weniger, sondern jedem Menschen gegeben. Aber wer ihr seine Aufmerksamkeit schenkt, wird nur zu oft als Ausnahme von der Regel betrachtet statt als lebendiges Beispiel dafür, wie das Prinzip funktioniert, ein Prinzip, das für jedermann anwendbar ist, der Gebrauch davon macht.

In jedem von uns steckt eine Eule, ein Kaninchen, ein I-Ah und ein Puh. Nur haben wir allzulange den Weg von Eule und Kaninchen eingeschlagen. Und jetzt beklagen wir uns wie I-Ah über die Folgen. Aber das bringt nichts. Wenn wir gescheit sind, nehmen wir den Puh-Weg. Wie aus weiter Ferne ruft er uns mit der Stimme der kindlichen Einfalt. Manchmal ist die Stimme kaum zu hören, aber das ändert nichts an ihrer Bedeutsamkeit, denn ohne sie werden wir nie unsern Weg durch den Wald finden.

Rückwort

„Nun, Puh, wie findest du das?" fragte ich.

„Finde ich was?" fragte Puh zurück.

„Das Tao Te Puh natürlich."

„*Was* für ein Puh?" wollte Puh wissen.

„Müssen wir *das* etwa noch einmal durchgehen?" sagte ich.

„Müssen wir *was* noch einmal durchgehen?" erkundigte sich Puh.

„Das Tao Te Puh", erwiderte ich.

„Was ist das Tao Te Puh?"

„Das weißt du doch — der unbehauene Klotz, das Rhabarberkompott-Prinzip, der Puh-Weg, *so* ein Bär und das alles."

„Ach so", sagte Puh.

„Das ist das Tao Te Puh", erklärte ich.

„Ach so", sagte Puh wieder.

„Wie würdest *du* es denn beschreiben?" fragte ich ihn.

„Na ja . . . mir ist gerade was eingefallen", sagte er, „ich will es dir vorsingen."

„Nur zu."

„Also dann . . . (*ehem*)":

„Verstehen wir den Weg,
dann gehen wir den Weg,
dann tut der Weg sich auf:
es tut sich was, und durch das Tun
nimmt alles seinen Lauf.
Mach du nur deine Augen auf!
Doch starr nicht Löcher in die Wand —
die Wand ist nämlich dein Verstand.

Ich bin ich,
und du bist du,
das siehst du sicherlich,
doch wenn du ganz bewußt
nur noch das Deine tust,
dann ist der Weg nicht schwer:
Er läuft dir hinterher."

„So sehe *ich* die Sache", sagte er dann.

„*Vollkommen richtig!*" befand ich. „Aber weißt du, meinst du nicht . . ."

„Was?" fragte Puh.

„Daß es ein und dasselbe ist?"

„Ach so", bemerkte Puh, „na klar."

Der Autor, Benjamin Hoff, ist Fotograf, Musiker und Komponist und mag Wald und Bären sehr gern. Er hat einen akademischen Grad als Bachelor of Arts (wie er glaubt, in asiatischer Kunst, aber er ist nicht ganz sicher), beschneidet jetzt Bäume für seinen Lebensunterhalt und praktiziert taoistisches Yoga und T'ai Chi Ch'üan, um fit zu bleiben und sich zu entspannen.

Bodo Baginski & Shalila Sharamon **REIKI — Universale Lebensenergie**
Reiki wird als jene Kraft definiert, die die Grundlage allen Lebens bildet. Diese universale Lebensenergie kann durch entsprechende Einstimmungen in jedem Menschen geweckt und aktiviert werden, so daß sie als heilende, ordnende und harmonisierende Kraft durch seine Hände fließt. Reiki bewirkt eine Heil-Werdung im ursprünglichen Sinn, denn es führt den Menschen zu einer Harmonie mit sich selbst und den grundlegenden Kräften des Universums zurück. Die Autoren Bodo J. Baginski und Shalila Sharamon beschreiben in diesem Buch ihre Erfahrungen mit der Reiki-Heilkunst bei Menschen, Tieren und Pflanzen. Sie schreiben über den Ursprung und die Geschichte des Reiki, seine Wirkungsweise, wie man Reiki erlernt, erläutern die verschiedenen Anwendungsmöglichkeiten und geben viele nützliche und hilfreiche Tips für die Praxis des Reiki. Darüber hinaus enthält das vorliegende Buch ein Verzeichnis über die Hintergrundbedeutung von über 200 Krankheitssymptomen aus geistiger Sichtweise. **240 Seiten**

Fran Brown **Reiki-Leben – Großmeisterin Takatas Lehren**
Geschichten aus dem Leben von Hawayo Takata.
Reiki ist Lebensenergie. Im Usui-System des Natürlichen Heilens wird diese Energie geehrt und als Leitfaden des täglichen Lebens genutzt. Sie bietet uns eine einfache Möglichkeit, unser leben als eine heilige und ehrenvolle Erfahrung zu verstehen. Die Geschichten in diesem Buch geben Einblick in das Leben einer Frau, die die Reiki-Lehren gelebt hat. Die Geschichten sind komisch und ernst, voller Freude und Traurigkeit, sie geben Aufschluß über das Heranwachsen dieser Meisterin und über ihr tiefes Vertrauen in die Lebensenergie. Sie schildern das Reifen von Takatas Heilkräften und zeigen ihre Bescheidenheit angesichts ihrer Gaben. Von bescheidenen Anfängen entwickelte sie sich zu einer großen und starken Persönlichkeit, von allen, die sie kannten, geliebt und respektiert.
In diesen liebevollen Erinnerungen an ihre Lehrerin hat Fran Brown die farbenfrohen Geschichten gesammelt, die Hawayo Takata während der 35 Jahre erzählt hat, in denen sie die einzig lehrende Reiki-Meisterin war. Die Geschichten geben einen inspirierenden Überblick über Takatas Lehren und schildern die praktischen und spirituellen Aspekte eines Lebens, das dem Heilen gewidmet war. **180 Seiten**

Ron Kurtz **Körperzentrierte Psychotherapie – Die Hakomi-Methode**
Körper und Bewegungen eines Menschen drücken zentrale Anschauungen, Bedürfnisse, Gefühle und Besonderheiten seines Daseins aus. Psychologische Informationen formen den Körper. In Anerkennung dieser Verbindung beginnt die Methode mit der Arbeit am Körper. Besonderes Kennzeichen der Hakomi-Methode ist die genaue Anwendung der buddhistischen Prinzipien von *Innerer Achtsamkeit* — die Aufmerksamkeit wird auf das gelenkt, was jetzt genau vor sich geht — und *Gewaltlosigkeit* — wir unterstützen Abwehr und spontanes Verhalten, lassen entwickeln, anstatt zu konfrontieren und zu bekämpfen. **320 Seiten, ill., geb.**

Gerda und Mona Lisa Boyesen **Biodynamik des Lebens**
Die Gerda-Boyesen-Methode – Grundlage der biodynamischen Psychologie. Jeder Körper reagiert in einer Streßsituation mit Anspannung, aus der der gesunde Körper wieder zu seinem Gleichgewicht zurückfindet. Oft geschieht dies jedoch nicht: Hervorgerufene Gefühle oder Ängste werden nicht ausreichend abgebaut oder verarbeitet, und wir verharren in einem unausgeglichenen Zustand. Die Selbstregulation unseres Organismus findet nicht statt, das Ungleichgewicht manifestiert sich in den Muskeln und unseren inneren Organen; besonders dem Verdauungstrakt. Dieser ist das Hauptregulans für die Freilassung nervöser Energien und besitzt damit die Fähigkeit, Neurosen »zu verdauen« und das vitale Energiegleichgewicht im Organismus zu regeln.
Mit dieser Erkenntnis entwickelte Gerda Boyesen in ihrer klinischen Arbeit die Methode der biodynamischen Psychologie, in der sie die Freudsche Psychoanalyse und die dynamische Physiotherapie mit der Vegetotherapie und Orgontherapie W. Reichs zu einer Synthese vereinte und damit die biologische Basis der Psychodynamik legte. **200 Seiten**

Dr. Malcolm Brown **Die Heilende Berührung**
Die Methode des direkten Körperkontaktes in der körperorientierten Psychotherapie. Dieses Buch führt zu theoretischer Klarheit und zum praktischen Verständnis einer Yin / Yang-Körpertherapiemethode, eingebettet in eine grundlegende, humanistische, tiefgehende Art der Behandlung. Beeinflußt durch C. G. Jung, A. Maslow, E. Neumann, C. Rogers und D. H. Lawrence entwickelte Brown seine Methode der Lösung der chronischen Muskelspannung und der Reaktivierung der natürlichen geistig / spirituellen Polaritäten der verkörperten Seele und transzendierten Psyche.
340 Seiten, 30 Abb., geb.

Don Johnson **Rolfing und die menschliche Flexibilität**
Der Körper ist flexibel, ein fließendes Energiefeld, das vom Moment der Empfängnis bis zum Tod in einem Prozeß der ständigen Veränderung ist. **Inhalt u. a.:** Beschreibung von Rolfing-Sitzungen, Rolfing und die anatomischen Grundlagen; soziales Verhalten und die Auswirkungen auf den Körper . . . **164 Seiten, ill.**

Robert St. John **Metamorphose – Die pränatale Therapie**
Die Methode basiert auf einer überlieferten chinesischen Behandlungsweise der Füße. R. St. John entdeckte in bestimmten Bereichen der Füße Verbindungen zur vorgeburtlichen Phase, in der Energiemuster unser Sein geprägt haben. Durch eine sachgemäße Behandlung des Reflexbereiches der Wirbelsäule an Füßen, Händen und Kopf werden auf natürliche Weise Sperren und Grenzen des Bewußtseins aufgehoben und die ursprünglichen Kräfte der Psyche wieder freigesetzt. **160 Seiten, ill.**

Reinhard Flatischler **Die Vergessene Macht des Rhythmus**
Reinhard Flatischler hat aus schamanistischen Traditionen ein System entwickelt, das mit Sprachrhythmen, Klatschen, elementaren Tanzformen und Gesang jeden die Erfahrung der Rhythmuselemente in seinem eigenen Zeitmaß machen läßt. Diese grundlegenden Erfahrungen sind auf alle Musikinstrumente übertragbar. Sie sind in der Rhythmik jedes Kulturkreises zu finden und haben psychische Wirkungen, die für alle Menschen gleich sind. Davon ausgehend werden wir die Rhythmuswelten Afrikas, Indiens, Koreas, Brasiliens und Kubas aus ihren Elementen kennenlernen, und selbst den Stellenwert finden, den die Rhythmen dieser Kulturkreise für unser tägliches Leben in Europa haben.
228 Seiten, Fotos u. Grafiken, Farbbildteil, geb.; Kassettenkurs (3 Kassetten) separat erhältlich

Reinhard Flatischler **TA KE TI NA – Der Weg zum Rhythmus**
Rhythmus ist die Kraft hinter allen Dingen. Sie vereint die unterschiedlichsten Gebiete des Lebens. Rhythmus schenkt uns Vertrauen ins Leben und in uns selbst. TA KE TI NA ist der Weg, auf dem alle Aspekte von Rhythmus als Einheit erfahren werden können. Es ist eine Synthese aus dem rhythmischen Wissen vieler Kulturkreise und zeigt in konsequenter Systematik, wie Rhythmus für jedermann erlernbar ist. Die mit TA KE TI NA gemachten Rhythmuserfahrungen sind auf alle Musikinstrumente übertragbar, und der Musiker kann in diesem Buch eine neue Quelle zum Komponieren kreativer Rhythmen finden. Ein Einstieg in die körperliche und geistige Erfahrung von Rhythmus geben.
160 Seiten, ill.; Kassette oder CD separat erhältlich

Burkhard Schroeder **AtemEkstase · Rebirthing**
lehrt Dich das Annehmen allen Seins · Einlassen auf bewußtes Atmen in seiner ursprünglichen Form · Loslassen · Auftauchen ins Leben · Reiten auf den Wellen Deiner Ekstase · Verschmelzen mit dem SEIN · Dich und diese Schöpfung zu lieben.
Rebirthing ist eine wirkungsvolle Methode zur körperlichen, emotionalen und geistigen Reinigung und ein effektiver Weg persönlichen Wachstums. Ein gewaltloser Weg, der Dich lehrt, Deiner Energie zu vertrauen, mit ihr zu fließen, loslassen, zu tun durch Nicht-Tun. Dein Atem wird Dir helfen herauszufinden, wer Du bist, Dich anzunehmen und Dein Herz zu öffnen für Schönheit und Ruhe, Lebendigkeit und Lebensfreude. **128 Seiten; angeleitete AtemEkstase-Kassette separat erhältlich**

A. Wallace, B. Henkin **Anleitung zum geistigen Heilen**
Die Autoren beschreiben — auf dem Erfahrungsgrund der Humanistischen Psychologie —, wie sie zum Heilen angeleitet worden sind, ihre Erfolge und die Grenzen dieser Kunst, andere zu heilen. Darüber hinaus zeigen sie eine umfassende Reihe einfacher Übungen für den Anfänger auf und fortgeschrittene Techniken für den, der sich schon mit geistigem Heilen beschäftigt. In der praktischen Anleitung zeigen sie die Beziehung des Heilens zum Vertrauen, zu Weltanschauungen, Träumen und kosmischer Bewußtheit auf. **228 Seiten**

Bob Toben **Raum-Zeit und erweitertes Bewußtsein**
Toben diskutiert in eingehend grafischer Darstellung mit den Physikern J. Sarfatti, C. Suares und F. Wolf in einer verständlichen Wissenschaftssprache die Abhängigkeit unserer Vorstellung vom Universum durch unsere Sinne. **Themen u. a.:** Psychokinese, Lichtbiegen, Materialisation, Astral-Reise, Wissen aus dem Universum, Reinkarnation, Aura, Telepathie, Telekinese, Levitation, Geistheilung. **180 Seiten, ill.**

Richard S. Heckler **Aikido und der Krieger des neuen Bewußtseins**
Meister Uyeshiba, Begründer des Aikido, lehrte eine Kampfart, die die innere Kraft des Menschen stärkt, ohne Rivalität und Streit. Durch die im Aikido entwickelten Methoden zeigt er eine Alternative zu unserer derzeitigen Form des erdrückenden Militarismus, bzw. eines aufopfernden Pazifismus auf. Das Elementarste an Meister Uyeshibas Aikido aber ist der spirituelle Pfad, der die Menschen lehrt, ihr Ki, ihre Energie mit dem Ki des Universums zu verbinden, um in einer Welt der Harmonie, Zentriertheit und des Mitgefühls zu leben. **176 Seiten, ill.**

Roger Hicks und Ngakpa Chögyam **Weiter Ozean – DALAI LAMA**
Diese autorisierte Biographie ist die erste Aufzeichnung des Lebens Seiner Heiligkeit seit seiner Autobiographie »Mein Leben und mein Volk« (1962). Es ist auch die erste Darstellung der Leben der vorhergehenden dreizehn Dalai Lamas, die einem breiteren Publikum zugänglich ist. **240 Seiten, 31 z. T. bisher nicht veröffentlichte Fotos**

Hazrat Inayat Khan **Das Erwachen des menschlichen Geistes**
Die Botschaft des Autors beginnt und endet mit der Aussage, daß es nicht ausreicht, im Geistigen zu leben; was wir heute benötigen, ist ein *menschlicher* Geist. Es ist die Erweckung des Geistes im Menschen auf der Suche nach der Wahrheit. Diese Unterweisungen Hazrat I. Khans beschreiben die Folge der inneren Entwicklungsphasen, die der einzelne auf der Suche nach der geistigen Wirklichkeit durchläuft. **224 Seiten, zahlreiche Fotos**

Pir Vilayat Khan **Der Ruf des Derwisch**
Pir Vilayat Khan ist Leiter des Sufi-Ordens im Westen, der von seinem Vater Hazrat Inayat Khan gegründet wurde. Er ist bestrebt, den Weg und die Essenz der Sufi-Tradition besonders dem westlichen Menschen erlebbar zu machen.
224 Seiten

Benjamin Hoff **Tao Te Puh – Das Buch vom Tao und von Puh, dem Bären**
Was für ein Puh? *Was* für ein Tao? Das Tao Te Puh! . . . in dem uns enthüllt wird, daß einer der größten taoistischen Meister nicht etwa ein Chinese ist, auch kein altehrwürdiger Philosoph . . . sondern wirklich und wahrhaftig kein anderer als der absichtslos in sich ruhende, einfältige kleine Bär. **160 Seiten, ill.**

Affirmationen – »Ich mag mich selbst«
Eine Affirmation ist ein positiver, schöpferischer Gedanke, um deine negativen Glaubenssysteme und Denkmuster zu verändern. Affirmation heißt das Leben bejahen und deinem Denken eine Idee über das Ziel zu geben.
28 Seiten, Büttenpapier

Erik Sidenbladh **Wasserbabys – Geburt und Entwicklung in unserem Urelement**
Der sanfteste Übergang vom Mutterleib in die Außenwelt ist die Geburt unter Wasser. Frühes Training im Wasser bewirkt bei den Kindern eine bessere und schnellere Koordination der Bewegungen und Körperfunktionen. Die zahlreichen, außergewöhnlichen Aufnahmen verstärken Tjarkovskijs Erfahrungen, daß das menschliche Potential besser entwickelt werden kann, wenn wir lernen, Wasser ohne Angst zu akzeptieren.
156 Seiten, durchgehend vierfarbig ill., geb.

Astro-Tafel – Der Weg zur Astrologie

»ALL-EIN-SEIN heißt eins sein mit dem All. Die Schwingungen des Alls wahrnehmen und sich auf diese Schwingungen einzustimmen heißt sein Leben, oder einfach sich selbst, mit dem All in Einklang bringen. Ist die Person (lat. persona, von per-sonare = durch-tönen, zum Erklingen bringen) im Einklang mit dem Kosmos, so resoniert der Kosmos in ihr, der Kosmos findet seinen Wiederhall in der Person. Wird man sich dessen bewußt, hat man kosmisches Bewußtsein erreicht.« Wohl die umfassendste farbige Informationskarte zum Thema Astrologie und Harmonik. Außer der allgemeinen Beschreibung der Wirkweise der einzelnen Tierkreiszeichen, Planeten, Aspekt- und Himmelspunkte wird auch die Methodik der Verknüpfung dieser astrologischen Elemente zur Deutung erklärt und ausgeführt. Auch die Zuordnung der Töne zu den Planeten sowie der musikalischen Intervalle zu allen Aspekten, wie auch deren farbliche Zuordnungen, können der Karte entnommen werden.

13-Farb-Druck (DIN A2) auf besonderem Qualitätspapier, mit Begleitheft

Lee Sannella **Kundalini-Erfahrung & die neuen Wissenschaften**

In einem verdunkelten Raum sitzt ein Mann allein. Sein Körper wird von Muskelkrämpfen geschüttelt. Unbeschreibliche Empfindungen und stechende Schmerzen schießen von seinen Füßen ausgehend durch Beine und Rücken bis zum Hals. Er hat das Gefühl, sein Schädel würde zerspringen. Im Inneren seines Kopfes hört er tosende Geräusche und hohes Pfeifen. Seine Hände brennen. Er glaubt, sein Körper müsse innerlich zerreißen. Dann plötzlich lacht er und wird von Glücksgefühlen überwältigt.

Ein psychotischer Anfall? Nein, dies ist eine psycho-physische Transformation, ein Prozeß der »Wiedergeburt«, der ebenso natürlich ist wie eine physische Geburt. Pathologisch erscheint dieser Vorgang nur, weil die Symptome nicht zum Ergebnis in Beziehung gesetzt werden: zur psychischen Transformation eines Menschen. Wenn dieser Prozeß ungestört zum Abschluß gelangt, kann ein tiefes psychologisches Gleichgewicht erreicht werden, ein Zustand innerer Stärke und emotionaler Reife.

Sannellas Buch ist unentbehrlich auf dem Weg des tieferen Verstehens von mystischen Erfahrungen und Momenten des erweiterten Bewußtseins. **160 Seiten**

Stuart Perrin **LEAH – Die Geschichte einer meditativen Heilung**

»Als ich Leah das letzte Mal sah, war sie voller Leben, strahlend und bezaubernd schön. Ich war überzeugt, daß sie zu einem besonderen und äußerst ungewöhnlichen Menschen heranwachsen würde. Der Gedanke, daß sie von Krebs befallen war, lag jenseits meiner möglichen Phantasien.

Die Ärzte gaben ihr noch drei Wochen zu leben. – Drei Wochen können eine Ewigkeit sein, wenn man den Moment lebt. In dieser Zeit mußte ich eine neue Logik entdecken, eine, die den Tod entwaffnete und das Unmögliche möglich machte.«

Die dramatische Erzählung eines Heilungsprozesses. LEAH basiert auf einer erlebten Geschichte – die Bemühung eines spirituellen Lehrers, ein junges Mädchen in ihrem Kampf gegen ihren Krebs zu unterstützen. **120 Seiten**

Ken Dychtwald **KörperBewußtsein**

Basierend auf den Arbeiten von W. Reich, I. Rolf, M. Feldenkrais, F. Perls, W. Schutz, A. Lowen, St. Keleman, R. Kurtz u. a. und verschiedenen Yoga-Richtungen, verbindet Dychtwald deren Erkenntnisse mit einer Vielfalt von östlichen und westlichen Einstellungen zur Entwicklung des KörperBewußtseins. Es ist das zur Zeit umfassendste und leichtverständlichste System zur Bewußtwerdung und Diagnose des KörperBewußtseins. KörperBewußtsein von K. Dychtwald ist ein hervorragender Einstieg in das, was wir »Körperlesen« nennen. D. h., durch die Wahrnehmung, wie sich jemand »trägt« oder mit seinem Körper umgeht, erfahren wir mehr über diese Person, als wir sehen. KörperBewußtsein hilft, sich und andere besser »wahr« zu nehmen, indem es aufzeigt, wie der menschliche Körper eine lesbare Karte seiner persönlichen Geschichte ist. Darüber hinaus gibt Dychtwald einen Einblick in verschiedene Körpertherapie-Methoden. Ein lebendiges, gut zu lesendes und sehr menschliches Buch. **320 Seiten, 46 Abb.,**

Georg Schäfer und Nan Cuz **Im Reiche des Mescal – Ein kosmisches Märchen**

Wandere mit Schwarzhaar und dem Schamanen durch Metaphern deiner inneren Welten zum Licht der Erkenntnis . . . Schwarzhaar war ein Träumer, und die Mutter hatte ihre Sorgen mit ihm, denn statt Netze zu flicken oder Brennholz aus dem großen Wald zu holen, lag er am Strand und schaute stundenlang in den Himmel. »Was wird denn hinter den Sternen sein?«, so dachte er, »und wo beginnt das Reich der Götter und wo endet es?« Über solche Gedanken geriet er ins Grübeln und vergaß alles, was ihm die Mutter aufgetragen hatte . . .

40 Seiten, Großformat, vierfarbig, gebunden

Cousto **Die Kosmische Oktave**

Der Weg zum universellen Einklang. In diesem Buch sind alle Schritte erläutert und formalisiert, um aus astronomischen Beobachtungsdaten die Rhythmen und die Stimmtöne der Erde, des Mondes und der Planeten herzuleiten. Ebenso sind die Berechnungsmethoden zur Feststellung des Sonnentones oder auch der Klänge einer Horoskopvertonung dargelegt. **240 S., 50 Grafiken, zahlreiche Tabellen, 32 S. wissenschaftl. Anhang, 15 Farbtafeln, geb. und Paperback**

Ulrich Sollmann (Hrsg.) **Bioenergetische Analyse**

Autoren und Themen: *A. Lowen:* Der Wille zu leben und der Wunsch zu sterben; *R. Robins:* Der rhythmische Zyklus und Widerstand; *E. Muller:* Auswirkungen des Berührens; *H. Petzold:* Der Schrei in der Therapie; *L. Rablen:* Das gespaltene Ich. Krebs und Probleme der Selbstabgrenzung; *A. Kloppstech:* Frauenarbeit mit krebskranken Frauen; *P. Boyesen:* Psychodynamische Analyse; *U. Sollmann:* Prozeßanalytische Körperarbeit in der Gruppe; *E. Svasta:* Jan Velzeboer und die Bioenergetische Analyse; *R. Steiner:* Die energetische Verbindung von Körper und Geist; *R. C. Ware:* C. G. Jung und der Körper — vernachlässigte Möglichkeiten der Therapie? etc. **252 Seiten**

Ernest L. Rossi **Die Psychobiologie der Seele-Körper-Heilung**

Neue Ansätze der therapeutischen Hypnose. Ist es wirklich möglich, über die Seele eine körperliche Krankheit zu heilen? Gibt es tatsächlich eine Verbindung zwischen den Genen und der Seele, mit deren Hilfe unsere Gedanken und

Gefühle die Heilung unterstützen können? Ja, sagt der Autor, und führt uns in die faszinierende Welt der Psychobiologie ein, die die derzeitigen Ansätze innerhalb der Medizin und der Psychologie auf revolutionäre Weise verändert. Rossi zeigt neue Möglichkeiten auf, wie die Heilung von Krebs, Asthma, rheumatischer Arthritis, krankhaften Stimmungsschwankungen und einer Vielzahl anderer psychosomatischer Störungen unterstützt werden können. Sein anschauliches Konzept, wie man Symptome in Signale und psychische Probleme in schöpferische Hilfsquellen umwandeln kann, ist überzeugend, denn es ermöglicht intuitiv zu spüren, daß wir alle den Schlüssel zu unserer Gesundheit und zu unserem Wohlbefinden in uns tragen. **312 S., zahlreiche Tabellen und Abb., Hardcover**

David K. Reynolds **Die Stillen Therapien**

Japanische Wege zu persönlichem Wachstum. Mit diesem Buch stellen sich eine Reihe von Psychotherapien und therapeutischen Methoden dem europäischen Leser vor, die von einem völlig anderen Verstehen des Menschen ausgehen. Während wir im Westen Therapie oft nur als Symptombekämpfung verstehen, ist im östlichen Denken die Befreiung des Geistes als Ganzes im Vordergrund. Damit stehen Die Stillen Therapien im Zentrum der neuen geistigen Bewegung – der Sehnsucht nach Ganzheit, Re-Integration, nach der unmittelbaren Erfahrung des eigenen Selbst.
In diesem Buch finden Sie klare, praktikable und energievolle Wege zu sich selbst. **160 Seiten**

Rosalyn L. Bruyere **CHAKRAS – Räder des Lichts – Einführung**

Dieses ist das Grundlagenbuch für jeden, der über das esoterische Wissen hinaus Einsicht und Wissen in die Funktionen der Chakras und der feinstofflichen Energiefelder erlangen möchte. In diesem Einführungsband wird die Natur der Chakras untersucht und eine Übersicht gegeben. Mit den folgenden sieben Bänden, jeweils einem Chakra zugeordnet, wird dieses Werk die bisher umfassendste Beschreibung der feinstofflichen Energien und des Chakrasystems sein.
Jedes der sieben Primärchakras ist ein »Rad des Lichts«, ein sich drehendes, farbiges, elektromagnetisches Feld. Zusammen erzeugen diese sieben Felder die Aura des Menschen. In alten Überlieferungen schon gibt es verschiedene Beschreibungen dieser Energie- oder Lichtfelder, die aus dem physischen Körper strömen. Doch erst in neuester Zeit hat die Wissenschaft die Existenz der feinstofflichen Energien und der Aura bestätigt. **144 Seiten, großformatig**

Rosalyn L. Bruyere: **CHAKRAS – Räder des Lichts. Band 1. Das Wurzelchakra**

Kapitelinhalte: I Vitalität, II Kundalini, Sitz des physischen Körpers, III Die Kraft des Feuers, IV Sexualität, Kundalini und Karma, V Die Wissenschaft und die Chakras, VI Krankheiten und Dysfunktionen. **144 Seiten, großformatig**
Alle Bände durchgehend mit Fotos, Zeichnungen, wissenschaftlichem Begleittext und Übungen.

Stamboliev **Den Energien eine Stimme geben**

In der Voice-Dialogue Methode werden Energiemuster des Menschen als eigene Persönlichkeiten angesprochen und aktiviert – den Energien wird eine Stimme gegeben, sich mitzuteilen. Die Fähigkeit des Voice-Dialogue Therapeuten, sich auf den Prozeß einzustimmen und mit seinen eigenen entsprechenden Energiemustern mitzuschwingen, ermöglicht dem Klienten ein intensives Erfahren, Erkennen und Integrieren der psychisch-emotionalen Realität dieser Muster.
Stamboliev gibt auch einen Überblick über die Lehre des T'ai-chi-ch'uan und über verschiedene esoterische Systeme, um dem Voice-Dialogue Therapeuten zu helfen, eine größere energetische Sensibilität der Methode gegenüber zu entwickeln.

Thomas Armstrong **Die Spiritualität des Kindes**

Pädagogik für ein neues Bewußtsein. Anhand zahlreicher Beispiele aus Literatur und Wissenschaft, Mythologie und Erfahrung zeichnet der Autor ein Bild vom zweifachen Wesen des Kindes: „Es gehört sowohl zum Himmel wie zur Erde, und es tritt als Brücke zwischen Licht und Dunkel, Körper und Geist, Ich und Selbst, Mensch und Gott in unser Leben. Das spirituelle Kind singt und tanzt diese Ganzheit mit jeder Faser seines Seins. Wir alle täten gut daran, zuzuhören. Und noch besser daran, mitzusingen und mitzutanzen!" **192 Seiten**

Helmut G. Sieczka **CHAKRA-KASSETTE. Energie und Harmonie durch den Atem**

Unser Atem ist die wichtigste Brücke zwischen dem Körper und der Seele. Der Atem ist die Verbindung von Innen und Außen, vom Individuum zum Universum. Die sieben feinstofflichen Energie- und Bewußtseinszentren, den sogenannten Chakren, fließt unsere Lebensenergie.
Mit diesen zwei praktischen Atemübungen können Sie Störungen auf der energetischen, körperlichen und geistigen Ebene ausgleichen und harmonisieren. **Spieldauer: je Seite ca. 42 Minuten**

David V. Tansley **RADIONIK – Energetische Diagnose & Behandlung**

Radionik ist ein System der Diagnose & Behandlung, das die menschliche Fähigkeit der übersinnlichen Wahrnehmung direkt mit einbezieht, um somit die tiefliegende Bedeutung der Krankheit in einem lebenden Organismus zu erkennen. Diese Kunst des Heilens entwickelte sich aus einem Bereich der medizinischen Forschung von Prof. Dr. A. Abrams, der aufzeigte, daß Leben — und somit auch Krankheit — schwingende Energie ist, die energetisch behandelt werden kann. Die moderne Physik bestätigt dieses Modell seit langem. Radionik kann in jeder Therapieform praktiziert werden. Überwiegend wird sie in Verbindung mit Homöopathie, Schüssler-Salzen und der Bach-Blütentherapie angewandt. Radionik ist ein sanfter Ansatz zur Heilung, frei von den unliebsamen Nebeneffekten der herkömmlichen medikamentösen Therapie. David Tansley, die führende Autorität auf dem Gebiet der Radionik, beantwortet in diesem Buch u. a.: Wie arbeitet Radionik? Wie kann ein Therapeut die Diagnose stellen und die Behandlung ausführen, ohne den Patienten zu sehen? Was umfaßt eine Radionik-Diagnose? Welche Krankheiten können mit dieser Methode behandelt werden? **100 Seiten**